LA VIOLENCE SEXUELLE, ARME DE GUERRE

L'exemple de la République démocratique du Congo (1996 – 2024)

Collection « Études africaines »

dirigée par Denis Pryen et son équipe

Forte de plus de mille titres publiés à ce jour, la collection « Études africaines » fait peau neuve. Elle présentera toujours les essais généraux qui ont fait son succès, mais se déclinera désormais également par séries thématiques : droit, économie, politique, sociologie, etc.

Dernières parutions

Paulin MUNGONGO MAYAMA, *Conflits homme-faune sauvage en Afrique, Typologie, animaux emblématiques, acteurs impliqués et stratégies d'atténuation de l'impact*, 2025.

Jean Francis GABANA, *La carte nationale d'identité et l'identification des citoyens. Cameroun : une pratique administrative mal en point (1960-2024)*, 2024.

Gabriel FOUMENA BELINGA, *Équilibre régional et nation multiculturelle au Cameroun. Contribution à la régulation équitable des différences,* 2024.

Lionel Pierre GUESSELE ISSEME (dir.), *Covid 19 et droit public en Afrique. L'influence du virus sur l'application des normes*, 2024.

Sylvain SHOMBA KINYAMBA, *La tropicalisation de la ville et de l'université de Kinshasa. Le décryptage des réponses populaires*, 2024.

Benoît TINE, *Les drogues au Sénégal. Fléau social et défis contemporains*, 2024.

Stéven Modeste YOMBI (dir.), *Nouveaux horizons du constitutionnalisme en Afrique noire francophone*, 2024.

Auguste ILOKI, Valencia ENGAMBA ILOKI, Raïssa Kartelle ILOKI, *La justice au Congo : bilan statutaire soixantenaire. L'autorité judiciaire. Le service public de la justice. Le pouvoir judiciaire,* 2024.

Charles ZAGOH, *Le franc CFA : une monnaie en débat,* 2024.

Balla CISSÉ, *Le mirage de la IVe République du Mali. 22 juillet 2023-6 juillet 2024*, 2024.

Ernest-Marie MBONDA, *Pouvoir, droits et justice en Afrique, Essais de philosophie politique appliquée*, 2024.

Rebecca Distler Stragier

LA VIOLENCE SEXUELLE, ARME DE GUERRE

L'exemple de la République démocratique du Congo (1996 – 2024)

L'Harmattan

Illustration de couverture générée par IA

5-7, rue de l'École-Polytechnique, 75005 Paris
http://www.editions-harmattan.fr
ISBN : 978-2-336-50848-1
EAN : 9782336508481

« L'Afrique a la forme d'un revolver dont la gâchette se trouve au Congo.[1] »

[1] Célèbre formule de l'écrivain Frantz FANON, citée par : BOUBEKER Ahmed, MBOUKOU Serge, *De Tokyo à Kinshasa. Postmodernité et postcolonialisme*, Paris, éd. L'Harmattan, 2021, p.181.

Remerciements

En premier lieu, je tenais à adresser mes plus sincères remerciements à Monsieur Pierre GANIVET, mon directeur de mémoire, qui a accepté d'encadrer la réalisation de mon travail dès que je lui ai fait part du sujet que je souhaitais traiter, pour ses précieux conseils, sa disponibilité, sa réactivité, son écoute, sa coopération, son aide et ses remarques avisées tout au long de cette année universitaire, puis à Monsieur Xavier PERROT, responsable pédagogique du Master de Droit civil parcours Culture juridique à l'Université Clermont Auvergne, qui m'a permis de suivre cette formation incluant des enseignements des plus intéressants.

Je tenais également à remercier ma famille :

Mes frères Raphaël et Axel DISTLER STRAGIER pour leur soutien, leurs encouragements, leur foi en moi et leur bienveillance constante ;

Ma mère Margareth STRAGIER, qui m'a fait mention du docteur Denis MUKWEGE, Prix Nobel de la Paix en 2018, lorsque je lui avais fait part de ma volonté de traiter un mémoire de recherche dont les thèmes principaux relèveraient du droit international humanitaire ainsi que de la justice pénale internationale, ce qui m'a permis d'élaborer mes premières recherches, puis de choisir définitivement ce sujet. Je la remercie grandement pour son soutien au quotidien, son aide et ses observations avisées sur le sujet, ses encouragements, et surtout, pour l'éducation ainsi que les belles valeurs qu'elle m'a inculquée tout au long de ma vie ;

Mes grands-parents, Paule et Omer STRAGIER, qui m'ont appris avec exigence l'importance de la compassion et du respect, qui m'ont transmis l'ouverture au monde et aux autres, un intérêt pour l'Histoire et la géopolitique, qui ont largement participé et contribué à mon éducation au sens large du terme et auxquels je me dois de faire honneur.

Je tenais aussi à grandement remercier mon amie Nurdan TÜRKMEN pour son agréable compagnie durant ces deux années de Master, sa gentillesse, sa solidarité, sa coopération, son soutien, ses encouragements et son sens de l'humour qui ont indéniablement constitué un soutien moral ainsi qu'un moteur.

Enfin, je pense qu'il est important, en particulier au regard du contexte actuel, d'adresser ma plus grande gratitude aux professeurs rencontrés durant mon parcours scolaire et universitaire, qui m'ont en grande partie sensibilisée à l'importance de l'apprentissage, du savoir, de la connaissance, de la réflexion, de l'analyse et de l'esprit critique, en particulier ceux qui m'ont toujours encouragée et soutenue dans mes projets professionnels et qui ont témoigné beaucoup de bienveillance à mon égard. Je pense notamment à Monsieur Serge MBOUKOU, professeur certifié de philosophie, Docteur en anthropologie sociale et ethnologie de l'École des hautes études en sciences sociales (E.H.E.S.S.) de Paris, dont les enseignements, ouvrages et précieux conseils m'ont été d'une inspiration incontestable pour la réalisation de ce travail, ainsi que nos passionnants et fructueux échanges ; Madame Laure METZLER, professeure certifiée d'anglais, pour sa gentillesse dans la durée ainsi que Monsieur Pascal OPIOLA, professeur de droit, dont la sympathie et la bienveillance m'ont davantage confortée dans l'intérêt que je porte au droit international public.

AVANT-PROPOS

Ce mémoire de recherche a pour vocation en grande partie de rendre hommage à toutes les victimes de violences sexuelles commises en temps de paix comme en temps de guerre, à ces personnes, à travers le monde entier, ayant pris l'initiative de tenter de lutter contre ce fléau malheureusement universel et intemporel, indifféremment de leur statut, qu'il s'agisse de juristes, de législateurs, de personnalités politiques, de médecins, d'humanitaires, d'artistes etc.

La réalisation de ce travail constitue un devoir personnel d'humanité et de solidarité particulièrement à l'égard des victimes de violences sexuelles, perpétrées avec une cruauté et barbarie sans nom depuis plusieurs décennies en République démocratique du Congo. J'adresse ma plus grande compassion et mon plus grand soutien aux victimes, ainsi que ma contribution, à mon échelle, à l'édifice de la lutte contre les violences sexuelles notamment perpétrées dans la région des Grands Lacs en Afrique centrale.

Dans ce mémoire, il m'a semblé important de mettre à l'honneur le courage, le dévouement et la détermination sans faille du docteur Denis MUKWEGE que j'admire profondément, qui, et parfois au péril de sa vie, se bat continuellement contre ce fléau perpétré dans sa région d'origine, a soigné des dizaines de milliers de femmes, défend les droits de l'Homme et l'égalité des sexes, a créé l'hôpital et la fondation Panzi dans la ville de Bukavu incluant des soins physiques et psychologiques pour les femmes et petites filles violentées, une aide juridique et un centre nommé « La Cité de la Joie » afin de leur rendre leur dignité et œuvrer à leur réinsertion dans la société.

En tant que femme, je sais ô combien il est rassurant, important et nécessaire d'être suivie par un médecin gynécologue de qualité, respectueux du corps et des choix de ses patientes, à l'écoute, consciencieux et intègre dans la déontologie à laquelle ce professionnel de santé est tenu.

Enfin, à travers ce travail, je souhaite en particulier adresser à ces femmes et petites filles victimes de violences sexuelles en République démocratique du Congo toute ma pensée et mon inconditionnel soutien. Au regard de l'indifférence et de l'impunité qui règnent concernant leur malheur, je tiens également à leur montrer que leur souffrance et leur combat ne sont pas ignorés par le reste du monde, que j'ai pleinement conscience que j'aurais très bien pu être à leur place et me retrouver dans la même situation qu'elles…

LISTE DES ABRÉVIATIONS

A.F.D.L : Alliance des forces démocratiques pour la libération du Congo-Zaïre.

C.I.C.R : Comité Internationale de la Croix Rouge.

C.N.D.P : Congrès national pour la défense du peuple.

C.N.R.S : Centre national de la recherche scientifique.

C.P.I : Cour pénale internationale.

D.I.H : Droit international humanitaire.

F.A.R.D.C : Forces armées de la République démocratique du Congo.

F.D.L.R : Forces démocratiques de libération du Rwanda.

F.P.R : Front patriotique rwandais.

L.F.I. – N.U.P.E.S : La France Insoumise – Nouvelle union populaire écologique et sociale.

M23 (ou M-23) : Mouvement du 23 mars.

M.O.N.U.C : La Mission de l'Organisation des Nations unies en République démocratique du Congo.

M.O.N.U.S.C.O : Mission de l'Organisation des Nations Unies pour la stabilisation en république démocratique du Congo.

M.S.F : Médecins sans frontières.

O.C.D.E : Organisation de coopération et de développement économique.

O.N.G : Organisation non gouvernementale.

O.N.U : Organisation des Nations Unies.

R.C.D : Rassemblement congolais pour la démocratie.

R.D.C : République démocratique du Congo.

T.P.I.R : Tribunal pénal international pour le Rwanda.

T.P.I.Y : Tribunal pénal international pour l'ex-Yougoslavie.

U.N.I.C.E.F : Fonds international de secours à l'enfance des Nations Unies.

W.W.o.W : We are not weapons of war.

INTRODUCTION

« Les récits de viols sont aussi vieux que l'histoire, et le dernier siècle a été ponctué de conflits qui ont vu se déchaîner des violences sexuelles terribles à travers tous les continents et toutes les cultures. Au moment où le Congo sombrait dans le chaos, des soldats d'ex-Yougoslavie (...) violaient là-bas aussi de façon systématique. Des viols de masse ont été commis pendant la Seconde Guerre mondiale dans les zones de conflits européennes et asiatiques, ainsi qu'au Vietnam, par les soldats américains (...) les violences sexuelles ont lieu partout, en temps de paix comme en temps de guerre.[1] »

C'est en ces termes que le docteur Mukwege rappelle à notre conscience, dans son dernier ouvrage, que les viols commis en période de guerre constituent une pratique, une réalité intemporelle et universelle. Les prémices des violences sexuelles perpétrées à l'encontre des femmes notamment dans un contexte conflictuel international ou de stratégie de (re)peuplement par la contrainte peuvent trouver leurs racines dans l'Antiquité romaine. Tite-Live, historien romain, dans son Livre Ier de l'*Histoire romaine*, relate l'épisode légendaire de l'enlèvement des Sabines par les Romains en raison du manque de femmes lors de la fondation de la ville par Romulus. Ce dernier souhaitait que les Romains contractent des mariages afin de créer des alliances avec les cités voisines, en vain. Il usa donc de stratégie et de la force afin de remédier à ce problème en procédant, par le biais des jeunes Romains, à l'enlèvement et au mariage forcé des Sabines avec ces derniers. Une première forme de violence sexuelle est à l'œuvre dans cette prise de possession à l'origine de la guerre entre Romains et Sabins. Ce célèbre épisode de l'histoire de

---

[1] MUKWEGE Denis (Dr), *La force des femmes*, Mesnil-sur-l'Estrée, éd. Gallimard, 2021, p.100.

Rome s'inscrit dans un contexte particulier et poursuit un objectif précis : les sociétés antiques étaient profondément marquées par le patriarcat. Les femmes, dans l'Antiquité romaine, constituaient une sorte de monnaie d'échange. Ces enlèvements et viols commis par les Romains constituent des actes fondateurs d'une société, d'une cité nouvelle. Les femmes ne sont pas prises en considération mais sont un vecteur positif afin qu'elles contribuent aux projets conjugaux de leurs agresseurs. Il s'agit de prises de guerre que les Romains usent afin de peupler la cité. Pourtant, le rapt, dans l'Antiquité romaine, était incriminé et constituait : « le crime d'un ravisseur sauvage (208), [*crimen feri raptoris*][1]».

À ce sujet, dans ce contexte, qu'entendons-nous réellement par « violences sexuelles » ?

En l'espèce, un bref rappel de définition s'avère nécessaire concernant cette terminologie. Les « violences sexuelles et sexistes » constituent une : « Formule générique (...) pour désigner toutes les situations dans lesquelles une personne impose à autrui des actes, des comportements (...) à caractère sexuel qui, souvent, sont fondés sur des relations de pouvoir inégales entre les sexes. Si elles concernent, à titre principal, les femmes et les enfants, elles peuvent concerner aussi les hommes. D'une manière générale, [en France] toutes les atteintes physiques, comme leurs tentatives, concernant l'intégrité sexuelle sont pénalement réprimées (viols, agressions sexuelles).[2] »

À notre époque, la montée du féminisme ainsi que la multiplication des dénonciations de comportements

[1] BODIOU Lydie, BRIAND Michel, « Rapt, viol et mariage dans l'Antiquité gréco-romaine. L'exemple de Déméter et Korê », dans *Dialogue*, vol. 208, no. 2, 2015, pp.17-32.

[2] GUINCHARD Serge, DEBARD Thierry (dir.), *Lexique des termes juridiques 2023-2024*, Courbevoie, éd. Dalloz, 31e édition, 2023, p.1108.

caractérisant des violences sexuelles et sexistes se multiplient dans le monde notamment dans le milieu du travail (dans les entreprises privées, les hôpitaux, le sport, l'armée, le cinéma…). La tendance actuelle se traduit notamment par la revendication d'une répression y compris pénale de ce type de comportements qui se sont produits depuis trop longtemps et qui ont été passés sous silence. Par exemple, en France, récemment : « Depuis 2018, le législateur a souhaité aller plus loin, en pénalisant le simple outrage sexiste, en créant une contravention qui vise des comportements ou propos à connotation sexuelle, s'inscrivant en deçà des actes jusqu'alors réprimés (gestes déplacés, propos obscènes par exemple), lorsqu'ils portent atteinte à la dignité de celui qui les subit ou qui le place dans une situation intimidante, hostile ou offensante.[1] » En droit interne français, les infractions pénales relevant des violences sexuelles dans leur globalité sont prévues aux articles 222-22 à 222-33 du Code pénal. L'infraction d'outrage sexiste est prévue quant à elle à l'article 621-1 du Code pénal français et constitue une disposition issue de l'article 15 de la loi n°2018-703 du 3 août 2018 renforçant la lutte contre les violences sexuelles et sexistes.

Dans l'Histoire, de terribles violences sexuelles se sont produites et prennent une tout autre tournure, une tout autre finalité : il s'agit notamment des viols qui sont le plus souvent accompagnés d'actes de barbarie dans les conflits armés et qui constituent une stratégie, une arme de guerre permettant d'atteindre et de détruire le tissu social voire d'éradiquer la population ennemie par le biais du corps des femmes.

Un rapport du secrétaire général du Conseil de sécurité des Nations Unies en date du 23 mars 2015 (S/2015/203) rappelle la définition des violences sexuelles dans les

---

[1] GUINCHARD Serge, DEBARD Thierry (dir.), *Lexique des termes juridiques 2023-2024, loc. cit.*

conflits armés en ces termes : « L'expression "violences sexuelles liées aux conflits" recouvre des actes tels que le viol, l'esclavage sexuel, la prostitution, la grossesse et la stérilisation forcées, ou toute autre forme de violence sexuelle de gravité comparable, perpétrés contre des femmes, des hommes ou des enfants, et ayant un lien direct ou indirect (temporel, géographique ou causal) avec un conflit. Ce lien peut se manifester dans (...) le climat d'impunité ou l'effondrement de l'État, les aspects transfrontaliers du conflit ou le fait qu'il y ait violation d'un accord de cessez-le-feu.[1] »

Le droit interne français sanctionne les cas de violences sexuelles ainsi que les outrages sexistes de manière beaucoup plus large que le droit international qui, *a contrario*, sanctionne les violences sexuelles dans un cadre beaucoup plus restrictif. En effet, seules les infractions retenues concernent les cas les plus graves. La sanction effective des violences sexuelles dans les conflits armés fait l'objet d'une incrimination récente, puis d'évolutions depuis les années 1990.

Malheureusement, l'actualité a de nouveau illustré cette regrettable réalité : le 7 octobre 2023, lorsque l'État d'Israël a été attaqué par le groupe terroriste du Hamas, une jeune Germano-israélienne du nom de Shani Louk se trouvant alors à une rave-party dans le désert du Néguev en Israël a été prise en otage et a été victime d'atrocités dont des viols collectifs par les islamistes du Hamas.

Son corps nu et inanimé a été exhibé dans les rues de Gaza, à l'arrière d'un pick-up. Selon un article du journal *Le Monde* publié le 8 décembre 2023 : « C'était peut-être, sans que le Hamas ne l'imagine encore, l'un des premiers

---

[1] Rapport S/2015/203 du Secrétaire général des Nations Unies, 23 mars 2015, p.1.URL :
https://documents.un.org/doc/undoc/gen/n15/081/37/pdf/n1508137.pdf?token=HRAc8mDu5mdaFE3xhS&fe=true

documents attestant de violences sexuelles commises ce jour-là.[1] ». Selon cette même source, l'avocate de la famille de Shani Louk aurait déposé un signalement auprès de la Cour pénale internationale pour violences sexuelles à l'encontre de la jeune femme[2], ce qui pourrait établir le commencement d'une procédure devant la juridiction représentant la justice pénale internationale dont le principal chef d'accusation seraient des violences sexuelles constitutives de crime de guerre.

Pour prendre le cas d'une guerre civile ayant eu lieu au cours du XXIe siècle, en Syrie, en 2011, le viol a été utilisé comme arme par le régime contre ses opposants : des filles ont été violées devant leur père et des femmes devant leur époux.[3]

Un autre conflit récent, l'invasion de l'Ukraine par la Russie le 24 février 2022, ayant évolué en conflit armé, témoigne encore de la pratique des violences sexuelles commises lors des conflits armés et sont décrits de la même manière : « Des crimes de guerre atroces ont eu lieu en Ukraine. Des viols et toutes sortes d'agressions sexuelles ont été perpétrés par les forces russes, de façon souvent systématique, avec une brutalité et une cruauté extrêmes. Les investigations sur des cas précis, vérifiés, prouvent qu'il s'agit d'une stratégie militaire visant à déshumaniser les victimes et à terroriser la population. Le viol, en Ukraine, est bel et bien une arme de guerre. C'est le cas, depuis longtemps, dans de nombreux conflits.[4] » et

---

[1] FOREY Samuel, « Israël s'organise pour documenter les violences sexuelles commises lors de l'attaque du Hamas », dans *Le Monde*, 8 décembre 2023.

[2] FOREY Samuel, *Ibid.*

[3] COJEAN Annick, « Le viol, arme de destruction massive en Syrie. », dans *Le Monde*, 4 mars 2014.

[4] PATTEN Pramila, « Guerre en Ukraine "Viols et agression sexuelles ont été perpétrés avec une cruauté extrême" », dans *Le Monde*, 20 octobre 2022.

constituerait, au même titre qu'en R.D.C, un réel tabou.[1] À propos du cas ukrainien, l'écrivaine finlandaise d'origine estonienne Sofi Oksanen, dans son essai *Deux fois dans le même fleuve. La guerre de Poutine contre les femmes.* (2023) analyse l'utilisation du viol en tant qu'arme de guerre par l'armée russe comme une stratégie de deshumanisation et de tentative de génocide. Le choix du titre de son essai est très évocateur : il renvoie à la formule d'Héraclite selon laquelle : « On ne se baigne jamais deux fois dans le même fleuve » qui signifie que le monde est en perpétuel mouvement, évolution et changement. Or, l'auteure se sert de cette citation pour contrecarrer la pensée d'Héraclite en prenant le cas concret des violences sexuelles dans les conflits armés qui sembleraient être une constante dans l'Histoire de l'humanité, ce que nous démontre encore l'actualité, ce qui donnerait raison à un historien de l'Antiquité grecque, à savoir Thucydide selon lequel : « L'Histoire est un perpétuel recommencement. » Dans un entretien accordé au magazine *Télérama*, elle évoque de manière implicite qu'en Estonie, sa grande tante a été violée en 1944 par des soldats de l'armée russe. L'écrivaine explique dans son essai que les violences sexuelles commises contre les femmes par l'armée russe constitue une véritable stratégie de guerre, et dans le cas de la guerre en Ukraine elle parle de « viol génocidaire ». La question lui a été posée de savoir de quoi il s'agissait, ce à quoi elle répond : « Le juriste polonais Raphael Lemkin caractérise le génocide par l'intention évidente de détruire une nation ou un groupe. Dans ce modèle, le massacre d'une population est la dernière étape d'un processus qui débute par la restriction des conditions de vie. Le viol génocidaire est un viol, violence ou abus sexuel, commis dans ce but de destruction [élément reconnu par le T.P.I.R.

[1] POLARD Pierre, « Le viol, tabou suprême de la guerre en Ukraine », dans *Le Figaro*, 24 mars 2024.

dans la jurisprudence *Akayesu* (cf. *infra* page 132).] C'est une méthode économique et très efficace : les structures familiales sont détruites et l'impact est transgénérationnel. En Ukraine, les preuves de l'intention génocidaire sont claires lorsque les auteurs de violence disent violer une femme jusqu'à ce qu'elle ne puisse plus jamais avoir de relations sexuelles ou jusqu'à ce qu'elle ne puisse plus avoir d'enfant [de nombreux cas similaires se sont produits en R.D.C. sur des femmes, des bébés et des petites filles par des soldats de l'armée régulière ainsi que d'autres groupes armés]. De même, des hommes ukrainiens sont explicitement castrés dans ce but.[1] »

L'auteure explique également le fait suivant : « En Ukraine, les femmes sont actives dans la société, en politique et dans l'armée. C'est l'une des raisons pour lesquelles les Russes les humilient.[2] »

Les historiens français Raphaëlle Branche, spécialiste des violences en situation coloniale et Fabrice Virgili, spécialiste des relations entre hommes et femmes au cours des deux guerres mondiales et directeur de recherche au C.N.R.S. émettent l'idée selon laquelle : « Cette réduction de la diversité est aussi à l'œuvre dans l'expression “viols de guerre” qui semble suggérer en effet que les viols sont consubstantiels à la guerre. (...) Si une prise en considération de la longue durée historique permet de balayer cette illusoire nouveauté, il n'en est pas moins flagrant que la dénonciation insistante de leur horreur paraît témoigner d'une sensibilité contemporaine particulière qui se traduisit notamment en droit. (...)

« La remise en cause du rapport au corps des femmes dans les sociétés occidentales, la singularisation du viol lors

---

[1] PERNES Caroline, « L'écrivaine Sofi Oksanen : “En Ukraine, les Russes commettent des viols génocidaires” » dans *Télérama*, 4 décembre 2023.

[2] PERNES Caroline, *Ibid.*

des guerres de l'ex-Yougoslavie font écho à de nouvelles interrogations dans la discipline historique.[1] ». Dans l'article de presse précité, Pramila Patten, représentante spéciale du Secrétaire général de l'O.N.U. sur les violences sexuelles commises en période de conflits dresse le même constat et évoque également la reconnaissance tardive des violences sexuelles comme crime international et comme tactique de guerre : « pour la première fois dans l'Histoire, la sensibilisation au sujet est extrême, la prise de conscience internationale, (…). On considère enfin ces crimes pour ce qu'ils sont : non pas des dommages collatéraux mais une tactique délibérée à laquelle l'armée russe a eu recours depuis le début du conflit. On les scrute avec vigilance, on les documente, on en parle au plus haut niveau, et une volonté politique existe de tout mettre en œuvre pour combattre l'impunité.[2] »

La guerre, au sens large, implique nécessairement l'emploi, l'usage de la violence. Il ne semble pas concevable qu'une guerre puisse avoir lieu sans recours à la violence. Au contraire, la guerre semble être le lieu de l'expression paroxystique de la violence. La guerre façonne, détermine en grande partie l'Histoire de l'humanité et entraîne *de facto* des changements paradigmatiques de systèmes de pensée notamment politiques et idéologiques : « la violence (…) est de notre temps car elle est de tous les temps. Le temps de l'Histoire avance à la cadence de la violence des guerres ou des révolutions. Il est douteux que, dans l'histoire de l'humanité, la durée des temps de paix ait dépassé celle des temps de guerre. Notre propre XXe siècle a connu un

---

[1] BRANCHE Raphaëlle, VIRGILI Fabrice, (dir.), *Viols en temps de guerre*, Paris, éd. Payot & Rivages, 2011, pp.8-9.
[2] PATTEN Pramila, *op. cit.*

déferlement inouï de violences à l'échelle mondiale. Et, à cet égard, le XXIe siècle part pour ne pas être en reste...[1] »

Par définition, la civilisation s'oppose à l'état sauvage et à la barbarie.[2] En ce sens, étant marqué par la Première Guerre mondiale, Sigmund Freud, auteur autrichien, considéré comme étant le « père de la psychanalyse », démontre, dans son ouvrage *Malaise dans la civilisation* (ou *Malaise dans la culture*) (1930), paru en pleine période de l'entre-deux guerres, que la civilisation (la culture), c'est-à-dire tout ce qui régit et nourrit la vie en commun de l'humanité, impose des restrictions et des interdictions allant à l'encontre des pulsions instinctives intrinsèques à l'Homme, ce qui créé un malaise constant.

Dans cet ouvrage, Sigmund Freud examine le rôle de l'agressivité humaine et de la pulsion de mort au sein de la société, la guerre opère un « déshabillage moral » en rendant possible l'expression des pulsions agressives refoulées en temps normal par les contraintes sociales. L'Histoire semble lui avoir donné raison : par exemple, l'Allemagne, considérée comme l'une des civilisations les plus policées, a sombré dans la barbarie et l'obscurantisme des plus terribles lors de la Seconde Guerre mondiale, alimentée notamment par des discours de haine et de propagande. La complexité de l'être humain, oscillant entre grandeur et misère, révèle sa faillibilité, son « manque ontologique », sa relativité. Ainsi, même dans une société des plus paisibles, rien ne garantit qu'une guerre puisse éclater, qu'elle soit civile ou interétatique. Les soldats de la Première Guerre mondiale disait de cette guerre qu'elle devait être « La Der des Ders », expression qui exprimait le fait que pour eux, notamment, cette dernière s'était révélée

---

[1] D'ONORIO Joël-Benoît (dir.), *La violence et le droit*, éd. Téqui, Paris, 2003, p.11.

[2] HANSEN-LOVE Laurence (dir.), *La philosophie de A à Z*, Paris, éd. Hatier, 2011, p.79.

si impressionnante, si intense voire traumatisante et si conséquente qu'ils espéraient que ce serait la dernière. Or, l'Histoire leur a donné tort : vingt-et-un an plus tard, la Seconde Guerre mondiale a éclaté.

S'il y a une nature humaine, l'Homme est un être par essence voué à la sociabilité (l'Homme serait un « *zôon politikon* » selon Aristote) et l'Homme seul est « une bête ou un dieu ». Pour compléter l'observation d'Aristote, le philosophe français Blaise Pascal soutient que la culture est notre « seconde nature ».

Freud tire des hypothèses de cette crise entre la nature de l'Homme et la culture selon lesquelles les pulsions, les instincts, les désirs, l'agressivité humaine représentées par le « ça », principe de plaisir, sont en tension avec le « moi », principe de réalité, filtrées par le « surmoi », la conscience morale qui représente notamment les lois, les traditions, les règles de politesse, la morale, les valeurs morales, par définition, ce qui fonde en grande partie la société humaine. Freud en conclut que la civilisation a toujours été animée par un « combat entre la pulsion de vie et celle de mort », et que nul « ne peut présumer du succès et de l'issue » de ce combat. Ainsi, rien ne garantit selon Freud que les civilisations, même celles qui sont considérées comme les plus modernes, ne finissent par s'autodétruire. En ce sens : « La civilisation occidentale, loin de représenter à elle seule un progrès universel et indiscutable, n'a-t-elle pas produit, notamment pendant la Seconde Guerre mondiale, les actes de barbarie les plus graves ?[1] » En l'espèce, la notion de barbarie semble intéressante à analyser : à l'origine, ce terme tire ses racines du grec *barbaros* qui signifie « non grec », « étranger ».

Un glissement sémantique s'est opéré au fil du temps. De nos jours, dans le langage commun, la barbarie désigne l'absence de civilisation, la sauvagerie, l'inhumanité :

---

[1] HANSEN-LOVE Laurence (dir.), *La philosophie de A à Z, loc. cit.*

« Initialement, le mot est une onomatopée évoquant des paroles inintelligibles : le barbare était celui qui ne parlait pas le grec. Lévi-Strauss (...) dénonce son caractère évidemment ethnocentrique. Aujourd'hui, les termes *barbare* et surtout *barbarie* ont évolué et désignent principalement des actes inhumains, contraires aux règles et aux droits de l'humanité, tels que les génocides, les crimes contre l'humanité, les totalitarismes (...). Par un singulier retournement, les comportements désignés comme *barbares* sont alors ceux qu'inspire une inaptitude à repérer l'unité de l'humanité derrière la diversité des cultures.[1] »

Dans son ouvrage *Race et Histoire* (1952), Claude Lévi-Strauss émettait l'idée selon laquelle : « Le barbare, c'est d'abord celui qui croit à la barbarie. », ce qui signifie que le barbare n'est pas celui qui, par ses actes, se place de lui-même hors de l'humanité : seuls les hommes sont capables d'actes de barbarie. Jean-François Mattéi, professeur de philosophie grecque et de la philosophie politique, dans son ouvrage au titre éminemment évocateur *La barbarie intérieure* (1999), rappelle que la barbarie est constitutive de l'humanité : « Je prends la barbarie comme un concept métahistorique qui caractérise une attitude consubstantielle à tout état de civilisation[2] » confirmé par le philosophe Michel Henry : « La barbarie n'est pas un commencement, elle est toujours seconde à un état de culture.[3] ».

Dans cet article, Christian Godin poursuit en évoquant le viol de guerre comme barbarie : « Le nombre de morts n'est pas le seul signe de cette toute moderne barbarie. Un autre fait de violence montre que notre histoire a changé. Aussi

---

[1] HANSEN-LOVE Laurence (dir.), *op. cit.*, p.51.

[2] GODIN Christian, « Légitimité du concept de barbarie », dans *Cités*, vol. 61, no. 1, 2015, pp. 11-26.

[3] GODIN Christian, *Ibid.*

loin que l'on remonte dans le passé, le viol des femmes semble avoir fait partie intégrante des actions de guerre.

(...)

« Seulement, depuis 1945, depuis les viols systématiquement accomplis sur les femmes allemandes par les soldats de l'Armée rouge, le phénomène a changé et d'échelle et de sens. Il ne s'agit plus seulement d'une soudaine libération de pulsions longtemps comprimées, ni même d'une vengeance contre l'ennemi détesté (...) Le viol est un meurtre symbolique destiné à détruire à jamais tout un peuple. En souillant le ventre des femmes et en leur faisant porter l'enfant d'un ennemi, le viol est un crime continué car il perpétue son Mal d'une génération à l'autre. C'est en toute connaissance de cause que la barbarie aujourd'hui attente à la dignité humaine.[1] »

Au même titre que Sigmund Freud, également traumatisé par la Première Guerre mondiale, Paul Valéry, dans son ouvrage intitulé *La Crise de l'esprit* (1919), constate : « Nous autres, civilisations, savons maintenant que nous sommes mortelles. Nous sentons qu'une civilisation a la même fragilité qu'une vie. » Paul Valéry disait également que la guerre est un : « massacre de gens qui ne se connaissent pas, au profit de gens qui se connaissent mais ne se massacrent pas. »

Dans son célèbre ouvrage intitulé *Du contrat social* (1762), une définition est donnée par Jean-Jacques Rousseau dans le même esprit que celui de Paul Valéry : « La guerre n'est point une relation d'homme à homme, mais une relation d'État à État, dans laquelle les particuliers ne sont ennemis qu'accidentellement. »

Pour Pierre-Joseph Proudhon[2] : « La guerre est inhérente à l'humanité et doit durer autant qu'elle : elle fait partie de

[1] GODIN Christian, *op. cit.*

[2] PROUDHON Pierre-Joseph, *La Guerre et la Paix,* 1861.

sa morale.[1] » Selon lui : « l'humanité s'est en effet affirmée et civilisée dans et par la guerre.[2] » Cette formule de Proudhon est pertinente dans le sens où il est vrai que pour répondre aux atrocités et des conséquences destructrices de la guerre, plusieurs organismes et mécanismes juridiques ont été élaborés et mis en œuvre afin de protéger certaines libertés fondamentales et afin de prévenir d'autres conflits : par exemple, suite à la Première Guerre mondiale, l'ancêtre de l'Organisation des Nations Unies, la Société des Nations, établie en 1919 par le Traité de Versailles, avait pour rôle de « promouvoir la coopération internationale et obtenir la paix et la sécurité. » Par la suite, en réaction aux régimes respectivement nazi en Allemagne et fasciste en Italie, ces deux États ont amendé leurs lois et Constitutions en faveur d'une protection des droits et libertés fondamentaux dont notamment la protection de la dignité humaine.

Sur le plan international, de nombreux traités et conventions garantissant la protection des droits de l'Homme et des libertés fondamentales ont vu le jour : par exemple, pour n'en citer qu'une, la Convention Européenne de Sauvegarde des Droits de l'Homme et des libertés fondamentales a été signée à Rome le 4 novembre 1950 par les États membres du Conseil de l'Europe et est entrée en vigueur en septembre 1953. Cette convention est contraignante juridiquement par le biais notamment de la juridiction compétente en l'espèce : la Cour européenne des Droits de l'Homme siégeant à Strasbourg.

Juridiquement, le terme de « guerre » revêt un caractère polysémique relevant notamment du droit international public : il peut s'agir dans un premier sens, d'une : « lutte armée entre États, voulue par l'un d'eux au moins, et

---

[1] Cité par HANSEN-LOVE Laurence (dir.), *op. cit.*, p.193
[2] HANSEN-LOVE Laurence (dir.), *loc. cit.*

entreprise en vue d'un intérêt national.[1] ». Il s'agit en l'occurrence de ce que l'on nomme une « guerre interétatique ». Dans un second sens, il peut s'agir d'une guerre civile, définie comme étant un : « conflit armé ayant éclaté au sein d'un État et dépassant, par son extension et sa prolongation, une simple rébellion.[2] » Toujours au sens du droit international public, un conflit armé constitue un : « recours à la force armée entre États (conflit armé international), ou conflit armé prolongé entre les autorités gouvernementales et des groupes armés organisés ou entre de tels groupes au sein d'un État (conflit armé non international)[3] ».

C'est au cours du XIXe siècle que le droit humanitaire a vu le jour. En effet, le Code Lieber (ou « Lieber code ») a été signé par le président américain Abraham Lincoln le 24 avril 1863 durant le contexte de la guerre de Sécession aux États-Unis. Ce texte a été pris à l'initiative du juriste et philosophe politique Francis Lieber qui a pour objet de réglementer les pratiques en temps de guerre et qui constituait un premier essai de codification du droit de la guerre.

Sur le continent européen, un Suisse, Henry Dunant, fut témoin de la bataille de Solférino au nord de l'Italie, le 24 juin 1859. Il tente de venir en aide aux victimes. Bouleversé et traumatisé par cette expérience, il souhaite mobiliser l'opinion publique par un livre qu'il intitule *Un souvenir de Solférino* (1862) dans lequel il décrit ce dont il a été témoin durant ce conflit et dans lequel il émet plusieurs propositions : il appelle d'abord à créer, organiser, dans chaque pays une aide nationale privée, une aide de type associatif, qui pourrait assister les services médicaux et pallier l'insuffisance des équipements nécessaires au soin

---

[1] GUINCHARD Serge, DEBARD Thierry (dir.), *op. cit.*, p.535.
[2] GUINCHARD Serge, DEBARD Thierry (dir.), *loc. cit.*
[3] GUINCHARD Serge, DEBARD Thierry (dir.), *op. cit.*, p.248.

de victimes des combats. Par ailleurs, il souhaite obtenir une protection en droit international des blessés par le biais d'un traité international qui faciliterait le travail de ces organismes et qui, dans le même temps, garantirait un meilleur traitement des blessés.

Ces deux souhaits d'Henry Dunant vont rapidement connaître le début de son application avec la rencontre du juriste et président de différentes sociétés genevoises philanthropiques Gustave Moynier qui propose la création d'une Cour internationale afin de réprimer les crimes de guerre, qui, à l'époque, était restée lettre morte.

Ces deux hommes ont créé en 1863 un comité international pour l'aide aux blessés qui deviendra par la suite le Comité International de la Croix Rouge le 17 février de la même année. Parallèlement, des sociétés nationales de la Croix Rouge ont vu le jour dans plusieurs pays européens dont la Belgique, la Prusse, la France et les Pays-Bas avec la même dénomination de « Croix Rouge ». Dans les pays musulmans, dont l'Empire ottoman notamment, ce même Comité se nomme « Croissant rouge » pour mettre l'accent sur le symbole de l'islam.

La simultanéité de ces différentes initiatives témoigne d'une attention nouvelle, plus grande portée à la fois au sort des soldats blessés et prisonniers, aux dommages collatéraux dont les populations civiles sont trop souvent victimes. Cette sensibilité nouvelle va participer aux prémices de l'élaboration d'un droit international humanitaire.

Grâce à la campagne du C.I.C.R, une première convention de Genève a été adoptée en 1864, autrement appelée : « La Convention de Genève du 22 août 1864 pour l'amélioration du sort des militaires blessés dans les armées en campagne. » signée par douze États : le grand-duché de Bade, la Belgique, le Danemark, l'Espagne, la France, le grand-duché de Hesse, l'Italie, les Pays-Bas, le Portugal, le royaume de Prusse, la Suisse et le royaume de Wurtemberg. Cette convention constitue le premier texte de droit international humanitaire moderne. Les principes les plus importants de cette Convention, qui furent maintenus dans les textes révisés des Conventions de Genève adoptés par la suite, sont les suivants : l'obligation de soigner les blessés sans distinction de nationalité ; la neutralité (l'inviolabilité) du personnel sanitaire et des établissements sanitaires ainsi que le signe distinctif de la croix rouge sur fond blanc.

Henry Dunant fut récompensé pour ses initiatives humanitaires : il a été le premier Prix Nobel de la Paix en 1901.

La Convention de Genève de 1864 a été remplacée par les Conventions de Genève sur le même sujet qui furent conclues en 1906, 1929, puis en 1949.

À la suite d'enseignements tirés de la Seconde Guerre mondiale, des améliorations ainsi que des précisions relevant du droit international humanitaire s'avéraient nécessaires : les quatre Conventions de Genève du 12 août 1949 ont été signées et ratifiées par 195 États dans le monde. Ces quatre conventions ont été modifiées par trois protocoles additionnels (deux en 1977 et un en 2005) et constituent le socle du droit international humanitaire à ce jour.

Les Procès de Nuremberg, ayant eu lieu du 20 novembre 1945 au 1er octobre 1946 ont marqué la naissance de la justice pénale internationale en instituant une Cour Militaire Internationale. Pour la première fois dans l'Histoire, la notion de « crime contre l'humanité » a été définie : il s'agit de : « l'assassinat, l'extermination, la réduction en esclavage, la déportation, et tout autre acte inhumain commis contre toutes populations civiles, avant ou pendant la guerre, ou bien les persécutions pour des motifs politiques, raciaux ou religieux, lorsque ces actes ou persécutions, qu'ils aient constitué ou non une violation du droit interne du pays où ils ont été perpétrés, ont été commis à la suite de tout crime rentrant dans la compétence du Tribunal, ou en liaison avec ce crime.[1] » Le but de ces procès était de juger les criminels nazis pour le génocide perpétré à l'encontre des Juifs, appelée également et plus symboliquement *Shoah*, qui signifie « la catastrophe » en hébreu. Le terme de « génocide » a été employé en 1944 pour la première fois par l'avocat polonais Raphaël Lemkin dans son ouvrage intitulé *Axis Rule in Occupied Europe*, terme composé du préfixe « géno » signifiant « race » ou « tribu » en grec et du suffixe latin « cide » désignant l'action de tuer. Raphaël Lemkin définit le génocide comme étant : « le crime des crimes. » Le crime de génocide a été reconnu comme crime de droit international en 1946 par l'Assemblée générale des Nations Unies, puis est devenu un crime prévu par la Convention pour la prévention et la répression du crime de génocide de 1948.

Dans ces procès historiques, les trois autres chefs d'accusation étaient les suivants : conspiration pour commettre des crimes contre la paix, crimes de guerre et crimes contre la paix. Toutefois, durant ces premiers procès relevant de la justice pénale internationale, les violences sexuelles commises durant la Seconde Guerre mondiale n'ont pas été prises en considération juridiquement. Elles l'ont été à la suite de l'adoption des quatre conventions de Genève du 12 août 1949. En ce sens, le deuxième alinéa de l'article 27 de la quatrième convention de Genève de 1949 relative à la protection des personnes civiles en temps de guerre prévoit ainsi que : « Les femmes seront spécialement protégées contre toute atteinte à leur honneur, et notamment contre le viol, la contrainte à la prostitution et tout attentat à leur pudeur. »

---

[1] « Définition du crime contre l'Humanité », dans *Humanisme*, vol. 273, no. 2, 2006, pp.38-42.

Néanmoins, nonobstant cette prise d'initiative de volonté de protection des civils ainsi que la limitation les dégâts causés par les ravages et la violence de la guerre, ces conventions n'ont pas été respectées par de nombreux conflits internationaux ayant eu lieu à la fin du XXe siècle, ce qui confirme que nonobstant les nobles dispositions prises par le droit, (qui constitue en partie le « surmoi » freudien), dans un contexte de tensions, les pulsions refont surface et une guerre peut éclater de nouveau en négligeant totalement les dispositions prises afin de lutter contre ces débordements de violence.

En effet, selon un célèbre adage latin : « *Si vis pacem, para bellum* », qui, selon la traduction française, signifie : « Si tu veux la paix, prépare la guerre ». Cet adage révèle une approche anthropologique pessimiste appuyée par l'idée selon laquelle « l'Homme est un loup pour l'Homme » (« *Homo homini lupus est* » *dixit* Thomas Hobbes, philosophe empiriste anglais du XVIIe siècle, inspirée du dramaturge romain Plaute) et révèle surtout le fait qu'une société, un monde sans violence est impossible, puisque pour vouloir la paix, il faudrait nécessairement se préparer à se défendre, être en capacité d'affronter l'adversaire si toutefois une attaque ennemie survient, donc, par définition, avoir recours à la violence.

Marc Crépon, philosophe français, directeur de recherche au C.N.R.S, émet l'idée que toute forme de violence produit deux effets notoires. Le premier est : « la destruction de la confiance minimale dont nous avons besoin pour que les relations qui nous constituent et qui font le fil de notre existence (…) soient entretenues et préservées.[1] » Il dit que : « le premier dénominateur, le

[1] CRÉPON Marc, *ABC Penser*, « Violence », entretien tourné le 1er décembre 2017, publié sur YouTube le 1er mai 2020, consulté le 3 février 2024 à 23h22. URL : https://www.youtube.com/watch?v=MSQuR0Uda2Y

premier effet commun est de briser ce qui est au cœur de la relation qui nous lie à tous les autres, aussi bien à des êtres, à des objets, qu'à des espaces, qui est cette confiance minimale ». Le second effet notoire est la réduction de l'autre à l'objet d'une force : « l'autre est réduit à l'objet de la force sur laquelle la violence s'exerce ». Il explique la phrase du philosophe Emmanuel Lévinas selon lequel : « La violence n'a pas de visage ».

Marc Crépon explique que le visage d'autrui exprime deux choses : « l'interdit du meurtre, c'est la transcendance de l'autre et donc en quelque sorte l'interdit de la violence (…) lorsqu'un visage est déformé par la violence, il n'exprime plus la transcendance, (…) il n'exprime plus que la force, mais en même temps, précisément, la violence n'a pas de visage, mais le visage peut toujours être déformé par la violence. »

Selon lui : « nous sommes tout le temps dans la contradiction théorique, absolue qu'exige le refus inconditionnel de la violence, et le fait que dans notre vie pratique, cette responsabilité, nous ne sommes jamais en mesure de l'exercer. Cette responsabilité (…) se traduit en tout cas par la responsabilité du soin, de l'attention et du secours qu'exigent partout et pour tous la vulnérabilité et la mortalité d'autrui. Bien évidemment, cette responsabilité, nous ne sommes jamais en mesure de la respecter, ça veut dire que chaque fois que j'accepte, ou que je ferme les yeux sur une certaine forme de violence, malgré moi j'y consens. »

Dans son discours lors de la remise du Prix Nobel de la Paix en 2018, le docteur Denis Mukwege partage ce point de vue en évoquant les exactions commises en R.D.C :

« Nous aimons les belles voitures, les bijoux et les gadgets. (…) Ces articles contiennent des minéraux que l'on trouve dans notre pays [la République démocratique du Congo], souvent exploités dans des conditions inhumaines par de jeunes enfants, victimes d'intimidations et de violences sexuelles.

« Lorsque vous conduisez votre voiture électrique, lorsque vous utilisez votre smartphone (…) prenez une minute pour réfléchir au coût humain de la fabrication de ces objets. En tant que consommateurs, insistons au moins pour que ces produits soient fabriqués dans le respect de la dignité humaine. Fermer les yeux sur cette tragédie, c'est être complice. Les auteurs de violences ne sont pas les seuls responsables de leurs crimes, il y a aussi ceux qui choisissent de fermer les yeux.[1] » C'est ce que Marc Crépon appelle : « le consentement meurtrier » dans le même entretien filmé. Ce dernier poursuit son propos : « le consentement meurtrier, ça ne sert pas à distinguer des innocents et des coupables, c'est justement une façon de penser notre rapport à la violence comme une dimension constitutive de notre appartenance au monde.[2] ».

Toutefois, Marc Crépon propose des voies de dégagement et refuse de voir la violence comme une fatalité : la première est la révolte au sens de Camus, la deuxième est la bonté, la troisième est l'exercice de la critique car la violence : « s'appuie sur des dispositifs considérables qui sont des discours, qui sont des images.[3] », puis la quatrième est la honte qui : « affecte toute l'humanité.[4] »

Selon lui : « ce qui fait l'historicité de la condition humaine, c'est que précisément notre perception de la violence, notre identification de phénomène comme violent peut se modifier et ce qui, à ce moment-là change, est notre

---

[1] MUKWEGE Denis (Dr), Discours du Prix Nobel de la Paix, 10 décembre 2018, Oslo, Norvège.

[2] CRÉPON Marc, *op. cit.*

[3] CRÉPON Marc, *Ibid.*

[4] CRÉPON Marc, *Ibid.*

seuil de tolérance à la violence.[1] » Toujours selon le philosophe : « la pire forme de consentement meurtrier, c'est le nihilisme[2] », « précisément (...) la modification de notre seuil de tolérance à la violence est une chose possible et que ça advient toujours par le biais de trois forces composites qui sont d'une part des grandes voix d'intellectuels, d'écrivains (...) et puis, toujours à un moment, le travail du législateur (...) quand cet accord se produit, alors oui, il peut y avoir quand même une progression, un progrès pour se défaire de certaines formes de violence.[3] »

Même si la violence semble intrinsèque au monde et à l'humanité, la sensibilisation ainsi que la prise en compte juridique par la prohibition de certaines formes de violences conduisent à les rendre illégitimes.

Ainsi, la reconnaissance des violences sexuelles comme crime de guerre voire, dans certaines circonstances, comme crime contre l'humanité à l'issue notamment des décisions rendues par le T.P.I.Y. puis dans les dispositions du Statut de Rome de la Cour pénale internationale de 1998 permettent de dénoncer et stigmatiser les violences sexuelles en tant que crime international.

---

[1] CRÉPON Marc, *op. cit.*
[2] CRÉPON Marc, *Ibid.*
[3] CRÉPON Marc, *Ibid.*

Néanmoins, la prohibition des violences par les différents textes de lois n'empêche pas, factuellement, leur commission au mépris de ces textes. En effet, les violences sexuelles perpétrées en R.D.C. depuis 1996 prennent une tournure particulière en raison de la durée des conflits qui en sont la cause, de leur aspect systématique, de l'extraordinaire barbarie dont usent les auteurs, de l'ampleur et des conséquences dévastatrices que revêtent ces violences émanant de ces conflits armés tournant au génocide dans la passivité et l'indifférence de la communauté internationale pour des raisons multifactorielles.

Un bref rappel historique de la République démocratique du Congo s'avère nécessaire afin de mieux appréhender, comprendre et analyser les origines ainsi que les causes de ce conflit dévastateur qui se produit dans la zone orientale de la R.D.C. depuis bientôt trente ans à ce jour.

CHAPITRE LIMINAIRE

Contexte historique et géopolitique de la R.D.C.

Comme le mentionne l'historien flamand David Van Reybrouck, nous allons tenter de nous défier de « l'eurocentrisme[1] » qui risque de nous éloigner de la « bonne subjectivité », une « subjectivité de haut-rang » attendue de la part de l'historien, selon les termes du philosophe français Paul Ricoeur[2], puisque l'objectivité absolue, notamment en ce qui concerne les sciences humaines, semble impossible.

David Van Reybrouck est un écrivain, voyageur, historien, journaliste, archéologue et philosophe qui s'est rendu dans l'actuelle R.D.C. À la manière de Thucydide, considéré comme étant le deuxième père de l'Histoire après Hérodote d'Halicarnasse, David Van Reybrouck a souhaité recueillir des témoignages de gens ordinaires afin de faire ressortir l'Histoire à travers des histoires et afin d'établir un récit des plus « objectifs » possibles et de s'éloigner de cet eurocentrisme : « Il existe une fâcheuse tendance à faire commencer l'histoire du Congo à l'arrivée de Stanley dans les années 1870, (…) L'Afrique centrale était une région sans écriture, mais pas pour autant sans Histoire.[3] »

Au XVe siècle, le royaume du Kongo constituait le royaume le plus riche et le plus prospère d'Afrique. La capitale du royaume, Mbanza Kongo, se situait dans l'actuelle Angola.

---

[1] VAN REYBROUCK David, *Congo. Une histoire*. Amsterdam, éd. Babel, 2010, p.19.

[2] RICOEUR Paul, *Histoire et Vérité*, éd. Éditions du Seuil, 1955, pp.23-24.

[3] VAN REYBROUCK David, *op. cit.*, p.36.

À son apogée, le royaume couvrait les territoires de l'actuelle Angola, R.D.C. et République du Congo : « Lorsque des marins portugais arrivent au large du royaume du Kongo en 1483 en quête d'alliances politiques et commerciales, le royaume est déjà un État puissant et centralisé, qui fait forte impression sur ses visiteurs. Ainsi, en 1491, l'ambassadeur milanais à Lisbonne compare la capitale Mbanza Kongo à la prestigieuse ville d'Évora, résidence royale au Portugal.[1] »

L'historien David Van Reybrouck explique que : « Ce sont en fait les Portugais, qui (…) ont apporté des hosties. Le roi du Bakongo, Nzinga Kuwu, les autorise à laisser quatre missionnaires dans son royaume et envoie en échange quatre notables sur leurs bateaux. Quand ces derniers reviennent quelques années plus tard et racontent des histoires merveilleuses sur ce lointain Portugal, le roi brûle d'envie de connaître le secret des Européens. Il se fait baptiser en 1491 et prend le nom de Don João (…) Son fils, le prince Nzinga Mvemba, va en revanche devenir profondément chrétien et régner sur le royaume du Kongo pendant quatre décennies (1506 – 1543) sous son nom de baptême Affonso Ier. C'est une période de grande prospérité et de consolidation. Il appuie sa puissance sur le commerce avec les Portugais.[2] » Le roi Affonso Ier a participé à la traite des esclaves car sa coopération avait un impact très favorable sur ses relations avec les Portugais. Par la suite, se rendant compte que cette traite commençait à épuiser son royaume et le dépeuplait, il souhaitait y mettre fin : « La traite atlantique des esclaves dure à peu près de 1500 à 1850. Toute la côte ouest de l'Afrique y participe, mais c'est

---

[1] Selon le site officiel du Musée royal de l'Afrique centrale à Tervuren, en Belgique :
https://www.africamuseum.be/fr/discover/history_articles/kongo-kingdom, consulté le 4 février 2024 à 16h25.

[2] VAN REYBROUCK David, *op. cit.*, pp.42-43.

dans la région proche de l'embouchure du fleuve Congo qu'elle est la plus intensive (…) Même le royaume jadis si puissant du Kongo s'émietta totalement. Un gigantesque vide politique s'installa. L'effervescence du commerce mondial provoquait, à l'intérieur des terres en Afrique, un chaos total.[1] »

Plus tard, avec le temps, les choses ne vont pas s'arranger : à la fin du XIXe siècle, le processus colonial entrepris par les différents États européens va prendre place sur le continent africain.

Le documentaire réalisé par Peter Bate intitulé *Le Roi blanc, le Caoutchouc rouge, la Mort noire*, raconte, à l'appui d'archives et de la participation d'historiens, la manière dont le roi des Belges Léopold II a usé de stratégie et d'une terrible violence lors de son entreprise coloniale au Congo. Dans ce film documentaire choc, la narratrice rappelle : « l'ambition [de Léopold] de rendre la Belgique plus grande, plus forte, plus belle.[2] » Dans ce reportage, le Docteur Maria Misra, historienne à l'Université d'Oxford, dit, à propos de Léopold II, que : « l'élévation de la Belgique impliquait forcément la sienne.[3] » La narratrice poursuit en décrivant : « À l'image de son père, Léopold II est convaincu que seule une colonie lui permettra d'atteindre la grandeur à laquelle il aspire. Léopold Ier a tenté des dizaines de fois d'en obtenir une, en vain. Son fils va y œuvrer avec plus de succès. Avant de monter sur le trône, Léopold envoie au Ministre belge des finances un morceau de marbre de l'acropole gravé de l'inscription : "il faut à la Belgique une colonie."[4] »

---

[1] VAN REYBROUCK David, *op.cit.*, pp.45-48.

[2] BATE Peter (réal.), *Le Roi blanc, le Caoutchouc rouge, la Mort noire*, (*White King, Red Bubber, Black Death*), Periscope productions NV. Belgique, 2004.

[3] BATE Peter (réal.), *Ibid.*

[4] BATE Peter (réal.), *Ibid.*

En 1876, Léopold II a créé une association internationale pour l'exploration et la civilisation de l'Afrique centrale. En l'occurrence, il s'agissait d'une compagnie privée plus communément appelée : « Association Internationale africaine ».

Cette association a été créée à l'occasion d'une conférence géographique qui s'était tenue à Bruxelles et qui avait réuni un certain nombre d'experts et de philanthropes. Elle se donnait pour mission de découvrir de nouvelles terres dans le bassin du Congo et d'en civiliser les populations notamment en mettant fin à la traite des esclaves qui avait encore cours dans cette partie de l'Afrique. Les intérêts économiques vont prendre le pas sur l'objectif prétendument humanitaire : pendant quelques années, Henry Morton Stanley, explorateur britannique, explore et parcourt toute la région pour le compte du roi Léopold II. Il acquiert pour lui un grand nombre de territoires.

Lors de sa conférence, Léopold II déclare que : « ses objectifs en Afrique sont charitables et philanthropiques. Le Congo bénéficiera de tous les bienfaits de la civilisation et du christianisme.[1] » Dans une lettre adressée à un conseiller, il dit qu'il ne veut rien perdre de ce : « magnifique gâteau africain[2] » lorsqu'il apprend le succès de la traversée africaine de Henry Morton Stanley.

Elikia M'Bokolo, célèbre historien congolais, participe à ce documentaire et évoque la brutalité dont a fait preuve l'explorateur : « La réputation de Stanley est celle d'un bâtisseur, d'un pacificateur, d'un constructeur. En réalité, ce qu'il a fait, c'est d'abord de casser, de briser, de détruire tout ce qui existait avant et à la place, c'est vrai qu'il construit quelque chose, quelque chose de nouveau, (…) une logique politique et ce nouveau système, il le met au

[1] BATE Peter (réal.), *op. cit.*
[2] BATE Peter (réal.), *Ibid.*

service de l'Occident et en particulier au service du roi Léopold II.[1] »

Les populations locales nommaient Henry Morton Stanley *M'bula Matadi* ou *M'bula Matari* qui signifie, en kikongo, une des langues régionales du Congo : « le briseur de pierres » qui a fait l'objet d'un glissement sémantique : « Dans le Bas-Congo, mais aussi tout au long de la colonne vertébrale hydrique qu'est le fleuve Congo, on ne peut oublier, en effet, la figure (…) inquiétante de Henry Morton Stanley dit *Bula-Matari* (*le briseur de rochers* selon le surnom que les autochtones lui attribueront compte tenu de la brutalité de ses méthodes). Cet homme, personnage intransigeant et sans scrupules incarne, à lui seul, la violence de la pénétration du vecteur colonial. Il projetait le fleuve Congo navigable jusqu'à l'Océan Atlantique en brisant (…) les rapides qui en empêchaient la totale navigabilité. L'impression de cette proposition a dû faire un tel effet sur les populations riveraines que le mode étatique de gestion a pris le surnom attribué à Stanley par les populations. *L'État*, comme *Stanley*, est devenu le *Bula-Matari – le briseur des pierres* -, mais aussi, par extension et identification de la réalité violente, *le briseur des corps*.[2] » (cf. *infra* page 87).

Toujours dans le cadre de la violence, le film de Peter Bate relate des faits de violences sexuelles ayant été commises durant la colonisation dans l'État Indépendant du Congo, de 1885 à 1908. En 1904, un homme du nom de Bwitaka témoigne : « Trois jours plus tard, nous sommes retournés dans notre village. Nous avons découvert des cadavres. Nous avons vu accrochés à un fil pendu entre deux piquets des organes génitaux.[3] »

---

[1] BATE Peter (réal.), *op. cit.*

[2] MBOUKOU Serge, *La parole recouvrée. Simon Kimbangu, prophète et passeur de cultures*, Paris, éd. L'Harmattan, 2016, pp.47-48.

[3] BATE Peter (réal.), *Ibid.*

Un peu plus tard dans le film, est mentionné le fait suivant : « Un officier belge chargé de capturer un chef est parti avec (…) [plusieurs] hommes. En fouillant les cases pour les piller, les hommes découvrent une mère et sa fille (…). Elles sont amenées à l'officier qui leur demande où se cache le chef, les femmes l'ignorant ou ne voulant pas trahir, l'officier ordonne de les attacher au sol, et un soldat loyal administre cinquante coups de chicote à chacune d'elle. La flagellation continue et chacune reçoit deux cents coups de fouet. Elles sont abandonnées là agonisantes, après qu'on leur a coupé les seins.[1] »

Afin d'obliger les Congolais à récolter le quota de caoutchouc fixé, leurs femmes ont été prises en otage : « Les nouvelles sociétés de Léopold prennent en otage les épouses de récolteur de caoutchouc. Pour qu'elles soient libérées, ils doivent fournir les quotas fixés. Les autorités et le roi en personne sont parfaitement au courant du système des otages mis en place par les sociétés concessionnaires. (…) La procédure est institutionnalisée. Les agents des sociétés reçoivent une licence officielle les autorisant à prendre les femmes en otage comme bon leur semble.[2] »

Dans le documentaire, un officier belge du nom de Georges Bricusse témoigne dans un journal en 1895 des cas de viols commis sur des femmes Congolaises : « Les femmes prises à la dernière palabre d'Enkwetra me donnent du fil à retordre. Tous les soldats voudraient en avoir une. Les sentinelles chargées de la surveillance des chaînes libèrent les plus jolies et les violent.[3] »

Il se trouve que cette prise en otage des femmes et le viol de certaines d'entre elles a été pratiqué massivement : « Un missionnaire demande à un chef de village combien de

---

[1] BATE Peter (réal.), *op. cit.*
[2] BATE Peter (réal.), *Ibid.*
[3] BATE Peter (réal.), *Ibid.*

femmes ont été prises en otage. Il lui répond : “comptez les grains de sable, homme blanc”.[1] »

Un explorateur du nom d’Edward Glave commente : « La vie des indigènes n’a aucune valeur aux yeux des Belges. Pas étonnant que les autorités soient détestées. Elles parlent de philanthropie et de civilisation. Où donc ?[2] » En effet, pour un but dit « philanthropique » et « civilisateur », ses pratiques s’avèrent particulièrement violentes et barbares…

John Harris, un missionnaire britannique qui se trouvait dans le village de Baringa témoigne d’actes de barbarie inouïe accompagnés de violences sexuelles, des pratiques d’une violence qui dépasse l’entendement. Ces mêmes pratiques décrites ont également été perpétrées lors du génocide rwandais par les Hutus contre les Tutsis : « je reviens d’un voyage à Nsongo Mboyo, un village de l’intérieur du pays, la misère la plus abjecte et l’extrême abandon sont tout simplement indescriptibles. (…) Une jeune femme du nom d’Imenega fut attachée à la fourche d’un arbre et coupée en deux avec une machette depuis l’épaule gauche, à travers la poitrine et l’abdomen jusqu’à la hanche droite. Les gardes ont massacré cette femme pour punir son mari. L’autre femme, Bolumba, voulant rester fidèle à son mari, se vit planter un pieux dans le ventre par le vagin. (…) J’ai appris que dans de nombreux villages, les gardes s’amusent en forçant les villageois à avoir des rapports incestueux.[3] »

Dans son ouvrage *Congo. Une histoire*, l’historien David Van Reybrouck relate une autre forme de violences sexuelles qui ont été commises dans le Congo de Léopold II : « C’étaient surtout les enfants et les adolescents qui apprenaient à connaître de près le mode de

---

[1] BATE Peter (réal.), *op. cit.*
[2] BATE Peter (réal.), *Ibid.*
[3] BATE Peter (réal.), *Ibid.*

vie européen. Les garçons en faisaient l'expérience en tant que boys, les filles en tant que "*ménagères**". La *ménagère** s'occupait, malgré son appellation, bien moins de l'entretien classique de la maison que de l'entretien des hormones. (…) on trouvait qu'une trop longue privation sexuelle nuisait à l'ardeur au travail et à la force vitale de l'homme blanc, une grande tolérance existait vis-à-vis de formes de concubinat avec une indigène. En 1900 (…) bon nombre d'entre eux établissaient des relations intimes de longue durée avec une ou plusieurs femmes africaines. Certains parlaient ouvertement de leur *ménagère** en l'appelant "ma femme", d'autres adoptaient un mode de vie extrêmement libertin. Souvent, les hommes choisissaient des filles très jeunes de 12, 13 ans (…) La *ménagère** dormait peut-être sous la même moustiquaire que l'homme blanc, mais souvent elle était étendue, de sa propre volonté ou non, sur une natte par terre.[1] »

Au regard des exactions commises par les fonctionnaires publics de l'État indépendant du Congo, Edmund Dene Morel, un écrivain britannique, fonde en 1904 l'Association pour la Réforme du Congo (en anglais, *Congo Reform Association*). À ce sujet, Elikia M'Bokolo précise qu'en fondant cette association, Edmund Dene Morel : « vient de lancer le premier mouvement humanitaire du XXe siècle dont il va faire d'ailleurs une formidable machine pour soulever l'opinion. C'est lui qui, à partir de Liverpool, va l'étendre sur toute la Grande-Bretagne. C'est grâce à ses efforts que le mouvement va déborder sur le continent européen. (…) donc grâce à Morel, l'Association pour la Réforme du Congo devient une gigantesque coalition absolument irrésistible.[2] »

Le Docteur Maria Misra, historienne à l'Université d'Oxford, complète, en parlant d'Edmund Dene Morel en

---

[1] VAN REYBROUCK David, *op. cit.* p.102.
[2] BATE Peter (réal.), *op. cit.*

ces termes : « Il a eu la brillante idée en 1906 de publier son livre *Red rubber* avec sur la couverture une image inspirée de l'ancienne Égypte, une balance sur laquelle était pesée l'âme de ceux qui passaient dans l'au-delà. Sur un des plateaux, on voit Léopold sur son trône avec tous les apparats de la royauté, et sur l'autre (…) une main coupée. La symbolique de cette image est très puissante. Résumer une telle situation à travers une seule image est une excellente façon de focaliser l'attention du public. Pour moi, il est l'un des initiateurs du journalisme de l'investigation, des groupes de pression politiques et de l'humanitaire au XXe siècle.[1] ».

L'Association pour la Réforme du Congo a été dissoute en 1913 : « Cette dissolution doit refermer symboliquement le scandale international et transnational qui rebondit depuis la fin des années 1890. Les remerciements et la souscription adressés à Edmund D. Morel (…) doivent aussi le convaincre de se rallier à la position du gouvernement britannique, qui vient de reconnaître l'annexion de l'État indépendant du Congo (E.I.C) par la Belgique après plus de quatre ans de probation (l'annexion a été votée par le parlement belge fin 1908 et elle a pris effet en 1909).[2] »

Ainsi, de 1908 à 1960, l'État indépendant du Congo est rebaptisé « Congo belge ». Des violences sexuelles ont certainement été perpétrées durant cette période car même si certaines pratiques du roi Léopold II ont été dénoncées et ont cessé à la suite de la délégation de la colonie au Parlement belge, il n'en reste pas moins que le système colonial est demeuré brutal.

---

[1] BATE Peter (réal.), *op. cit.*

[2] SIBEUD Emmanuelle. « Entre geste impériale et cause internationale : défendre les indigènes à Genève dans les années 1920 », dans *Monde(s)*, vol. 6, no. 2, 2014, pp.23-43.

Le Congo obtiendra l'Indépendance le 30 juin 1960. Baudouin 1er, roi des Belges à cette époque, proclame : « Peuple congolais, mon pays et moi-même, nous reconnaissons avec joie et émotion que le Congo accède ce 30 juin 1960 en plein accord avec la Belgique, à l'indépendance et à la souveraineté internationale.[1] » Par ailleurs, il s'avère qu'au moment de l'Indépendance, des femmes belges auraient été violées et l'avortement leur aurait été discrètement autorisé : « Le nombre exact de femmes violées n'a jamais été précisé, mais le ministre de la Famille et de la Santé de l'époque estimait que sur les quelque 10.000 femmes revenues précipitamment du Congo, un millier d'entre elles auraient subi des violences sexuelles.[2] » Ayant tenu son discours de l'indépendance à Bruxelles devant le roi Baudouin Ier, Patrice Emery Lumumba devint le premier Premier ministre de la République du Congo indépendant, avec pour Président de la République Joseph Kasa-Vubu. Patrice Lumumba nomma Joseph Désiré Mobutu secrétaire d'État. Son choix était en partie motivé par le fait que ce dernier avait reçu une formation militaire. Toutefois, le héros national de l'Indépendance s'est vu trahi par son secrétaire d'État et ancien collaborateur.

En effet, l'Indépendance octroyée au Congo a eu lieu dans le contexte de la Guerre froide : « Quelques jours à peine après l'indépendance, Mobutu affronte une mutinerie au sein de l'armée. C'est l'éclatement de l'État qui sombre dans la violence. Mobutu tente de ramener le calme aux côtés du Premier ministre, Patrice Lumumba. Très vite, Lumumba affirme son indépendance. (…) Mobutu quant à

---

[1] MICHEL Thierry (réal.), *Mobutu, roi du Zaïre*, Belgique, Les Films de la Passerelle, 1999.

[2] BRAECKMAN Colette, « RD Congo: en 1960, la Belgique prête à tout pour éviter la naissance d'enfants métis », dans *Le Soir*, 8 juillet 2022.

lui, affirme sa fidélité aux puissances occidentales. Il accuse Lumumba de sympathie communiste.[1] »

Le film de Thierry Michel intitulé *Mobutu, roi du Zaïre*, montre l'ingérence et l'implication des États-Unis dans l'assassinat de Patrice Lumumba, dont Joseph Désiré Mobutu est l'auteur de son arrestation, ainsi que la complicité de l'État belge. À la suite de son coup d'État le 25 novembre 1965, Joseph Désiré Mobutu prend le pouvoir. Selon le narrateur de son propre film, Thierry Michel raconte que : « Très vite, voulant prendre l'Histoire de vitesse, Mobutu radicalise sa révolution. Pour frapper l'imagination du peuple congolais, il rebaptise le pays, la monnaie, le fleuve. Le pays Congo devient Zaïre, la monnaie devient Zaïre, le fleuve devient Zaïre. (...) Les prénoms chrétiens sont dorénavant prohibés. Le président de la République lui-même donne l'exemple. Joseph Désiré Mobutu est banni pour laisser la place à Mobutu Sese Seko Kuku Ngbendu wa Za Banga, autrement dit, le guerrier tout puissant, qui embrase tout sur son passage, et de conquête en conquête, reste invincible.[2] » Il rebaptisa la capitale de Léopoldville du nom de Kinshasa en 1966. Néanmoins, il se trouve que Mobutu : « dans un élan de recours à une prétendue authenticité, a cru revenir à l'origine, en réhabilitant une dénomination, supposée authentiquement autochtone. À l'examen, il apparaît que le nom Zaïre adopté par le "Grand Léopard" est lui-même encore marqué par un phénomène de dénomination coloniale antérieure.[3] » En effet : « au grand et majestueux fleuve Congo que les populations riveraines nommaient *Nzadi a Kongo*. La transcription portugaise en fera le *rio "Zaïre"*. Et, comme la force des mots parvient, d'une certaine façon, à faire exister les choses qu'elle prétend seulement nommer, le

---

[1] MICHEL Thierry (réal.), *op. cit.*
[2] MICHEL Thierry (réal.), *Ibid.*
[3] MBOUKOU Serge, *op. cit.*, p.46.

Zaïre signifiera (…) par un malentendu, une réalité supposée authentique, au détriment de l'antique *Nzadi a Kongo.*[1] »

La République démocratique du Congo est le deuxième plus grand pays du continent africain après l'Algérie, mais également : « Un pays grand aussi par ses ressources naturelles et la diversité de sa population - quatre langues nationales, dont le Français qui classe le Congo RDC au premier rang mondial de la francophonie, dans un pays qui est le plus multilingue d'Afrique. Il n'empêche que le Congo RDC reste aussi un des États les plus pauvres du monde.[2] »

Dans son discours en qualité de prix Nobel de la paix, Denis Mukwege partage le même constat : « Je viens d'un des pays les plus riches de la planète. Pourtant, les habitants de mon pays sont parmi les plus pauvres du monde.[3] »

La R.D.C. se situe au centre de l'Afrique. Elle est divisée en vingt-cinq provinces[4] et partage ses frontières avec neuf pays : le Rwanda, l'Ouganda, le Burundi, l'Angola, le Congo-Brazzaville, la Tanzanie, le Soudan du Sud, la Zambie et la République Centrafricaine, ce qui rend sa situation géographique plus propice aux agressions et invasions. De plus, ses diverses richesses engendrent paradoxalement son malheur puisque l'actuelle R.D.C. fait l'objet de convoitises de la part de nombreux acteurs y compris de la part de multinationales, et ce, en toute impunité. La République démocratique du Congo est un pays magnifique offrant un cadre resplendissant avec notamment la forêt équatoriale et le fleuve mais

---

[1] MBOUKOU Serge, *op. cit.*, p.45.

[2] BOUBEKER Ahmed, MBOUKOU Serge, *op. cit.*, p.181.

[3] MUKWEGE Denis (Dr), Discours du Prix Nobel de la Paix, 10 décembre 2018, Oslo, Norvège.

[4] Article 2 de la Constitution de la République démocratique du Congo en vigueur depuis le 18 février 2006.

malheureusement, il semblerait que la violence qui caractérise son destin trouble la magnificence de son paysage.

Le contexte dans lequel les violences sexuelles massives sont commises à l'est de la R.D.C prend racine sur les cendres du génocide perpétré par les Hutus contre les Tutsis au Rwanda qui a eu lieu du 7 avril au 15 juillet 1994, il y a désormais trente ans cette année (ce texte a été rédigé en 2024), ayant eu pour conséquence : « un million de morts en 100 jours[1]. » Afin de comprendre les raisons ayant entraîné ces massacres, le Rwanda a été un territoire sous l'établissement d'un protectorat militaire allemand en 1897. En 1916, les troupes belges ont chassé les officiers allemands et le Rwanda est passé sous administration militaire belge. Par la suite, en 1922, la Belgique a reçu le Mandat de la Société des nations sur les « Territoires du Ruanda-Urundi », respectivement le Rwanda et le Burundi actuels. Le 24 mars 1957 a été publié le *Manifeste des Bahutu*, sous-titré « Note sur l'aspect social de la question raciale indigène », signé par une partie de l'élite hutu dont Grégoire Kayibanda, qui fut par la suite premier président du Rwanda indépendant et premier président élu. Ce texte recommandait le maintien de la mention ethnique sur les cartes d'identité, ce qui a permis de recenser de manière officielle les Hutus et les Tutsis.[2] Le Rwanda et le Burundi ont obtenu leur indépendance le 1er juillet 1962.[3] Le Rwanda ainsi que le Burundi sont majoritairement composés de deux ethnies différentes : les Hutus et les Tutsis. Au Rwanda, les Belges favorisaient les Tutsis en leur offrant des responsabilités ainsi qu'en leur offrant des

[1] SCHNEIDER Frédérique, « Génocide au Rwanda, un million de morts en 100 jours », dans *La Croix*, 10 avril 2014.

[2] « Chronologie », dans *Vingtième Siècle. Revue d'histoire*, vol. 122, no. 2, 2014, pp. 19-22.

[3] « Chronologie », dans *Vingtième Siècle. Revue d'histoire, Ibid.*

privilèges dans le domaine de l'église et de l'éducation, au détriment des Hutus. Ces inégalités et ces injustices ont été la cause de nombreuses tensions entre Hutus et Tutsis. Des massacres ont eu lieu en 1994. Les responsables Tutsis se sont réfugiés dans les pays voisins, au Zaïre et notamment en Ouganda, où ils fondent le Front patriotique rwandais (le F.P.R.) avant de retourner au Rwanda afin de reprendre le pouvoir lors de la fin du génocide de 1994 qui opposa les Hutus au pouvoir aux Tutsis, victimes des massacres. Après le génocide, plus d'un million de Hutus ont fui le Rwanda par peur des représailles du nouveau pouvoir par les Tutsis. Les Hutus ont traversé la frontière en direction de l'est du Zaïre et se sont installés dans des camps de la région du Nord-Kivu. Parmi ces Hutus installés à l'Est du Zaïre, il y avait des civils et des génocidaires qui participeront à la fondation des Forces démocratiques de Libération du Rwanda (le F.D.L.R) en 2001.[1]

Au Zaïre, explique David Van Reybrouck : « Les pires violences se produisirent (…) dans le Nord-Kivu. Sur place, on considérait les personnes qui parlaient le rwandais, ceux que l'on appelait les Banyarwandas, de plus en plus comme des migrants indésirables, qui accaparaient les richesses, les terres et le pouvoir. La plupart d'entre eux étaient venus s'installer au Congo entre 1959 et 1962, fuyant les troubles dans leur propre pays.[2] » En effet, en septembre 1959 au Rwanda, a eu lieu la création du parti nationaliste l'Union nationale rwandaise composé principalement de grands chefs tutsi portés à leurs fonctions par le colonisateur belge qui revendiquaient l'indépendance du pays. Le mois suivant, Grégoire Kayibanda fonde le Parti pour l'émancipation du peuple hutu (Parmehutu) qui exige l'abolition de la « colonisation tutsi » avant le départ des

---

[1] MÉNIELLE Julien, « La chronologie du conflit en République démocratique du Congo », dans *20 Minutes*, 21 novembre 2008.
[2] VAN REYBROUCK David, *op. cit.*, pp.526-527.

Belges. Puis, en novembre 1959 a eu lieu la « Révolution sociale hutu » qui se traduit dans les faits par le massacre de plusieurs centaines de Tutsis. Les violences visaient essentiellement les membres de l'administration « indigène », c'est-à-dire les chefs et les sous-chefs, mise en place par le colonisateur qui renverse alors son alliance initiale en encourageant désormais la « Révolution hutu ». *De facto*, des dizaines de milliers de Tutsis ont pris le chemin de l'exil dans les pays limitrophes.[1]

Au Zaïre : « à partir de 1990, on voulut se débarrasser des Tutsi immigrés. Les Banyarwanda étaient au Kivu ce que les Baluba étaient au Katanga : des éléments indésirables, des intrus, des étrangers, des profiteurs, des personnes à part, un peuple qui n'avait pas sa place. Le terme *rwandais** devint une insulte. (…) L'animosité entre les Zaïrois et les "Rwandais" prit de telles proportions que des milices populaires nationalistes furent créées, les Maï-Maï. Ces groupes paramilitaires spontanés voulaient prendre les armes pour lutter contre toutes les influences étrangères.[2] » Un peu plus loin dans son livre, l'historien flamand relate le témoignage d'un homme nommé Pierrot Bushala qui explique que : « quand la Belgique a aussi obtenu les territoires sous mandat, les frontières entre le Congo et le Rwanda étaient poreuses. Les Belges ont exporté des milliers de Hutu rwandais vers les mines et les Tutsi franchissaient spontanément la frontière. Sous Mobutu, les Tutsi avaient des passeports zaïrois mais, dans les années 1990, le tribalisme a pris de l'ampleur.[3] » David Van Reybrouck poursuit en précisant également que : « Dans le Sud-Kivu, les Tutsi zaïrois étaient de plus en plus souvent appelés des "Banyamulenge", des gens de Mulenge, une désignation ethnique que les autres leur

[1] « Chronologie », dans *Vingtième Siècle. Revue d'histoire*, *op. cit.*

[2] VAN REYBROUCK David, *op. cit.*, p.527.

[3] VAN REYBROUCK David, *op. cit.*, p.528.

donnaient et qui n'existait pas auparavant. Pourtant, ils vivaient depuis le XIXe siècle avec leurs troupeaux sur les hauts plateaux (…) à l'ouest du lac Tanganyika, notamment dans la région d'un village appelé Mulenge. (…) Eux aussi étaient de plus en plus souvent insultés et détestés.[1] » et mentionne que : « Mobutu avait tenté d'éveiller le sentiment national (…) mais, en des temps de pénurie, l'inimité était prête à surgir. Les Tutsis du Kivu (tant les Banyarwanda dans le Nord-Kivu que les Banyamulenge dans le Sud-Kivu) furent ceux qui le ressentirent le plus vivement. La haine raciale les incita justement à adopter un comportement de plus en plus communautaire. Les Banyamulenge (…) se plongèrent dans leur histoire, se souvinrent qu'ils étaient effectivement différents des autres, que leurs racines étaient au Rwanda et qu'en définitive, à bien y réfléchir, ils n'avaient jamais été les bienvenus au Zaïre. Des communautés se forment dès qu'elles se sentent menacées.[2] »

Se sentant ainsi trahis, menacés et abandonnés, ces derniers se sont alliés au groupe armé mené par Laurent Désiré Kabila, l'Alliance des Forces Démocratiques de Libération du Congo-Zaïre (l'A.F.D.L.) : « La guerre d'octobre 1996 à mai 1997 qui a entraîné la chute de Mobutu a reçu de nombreuses appellations : la "révolte des Banyamulenge", la "guerre de libération", la "marche de l'AFDL". À présent, on l'appelle le plus souvent la "Première Guerre du Congo".[3] », qualifiée de : « sorte d'extension du conflit rwandais sur le sol congolais.[4] » par l'O.N.G. Institut Francophone pour la Justice et la

---

[1] VAN REYBROUCK David, *op. cit.*, pp. 528-529.

[2] VAN REYBROUCK David, *op. cit.*, p.529.

[3] VAN REYBROUCK David, *op. cit.*, p.560.

[4] I.F.J.D. Institut Joignet, « République démocratique du Congo – Violences sexuelles ». URL : https://violences-sexuelles.ifjd.org/cvr/brouillon-republique-democratique-du-congo/

Démocratie. Durant cette période, le Rwanda aida Laurent-Désiré Kabila, un opposant de Mobutu, à le renverser. Le Rwanda était préalablement intéressé par la richesse minérale du Zaïre, mais était également motivé par le désir de vider les camps de réfugiés de la région du Nord-Kivu où vivaient des dizaines de milliers de Hutus rwandais. Le gouvernement rwandais dirigé par les Tutsis accuse les génocidaires hutus de se servir de ces camps comme de bases arrière pour reconquérir le pouvoir au Rwanda. De sanglants massacres y ont lieu en 1996, au début de la rébellion congolaise appuyée par le gouvernement rwandais qui allait porter au pouvoir Laurent-Désiré Kabila, chef du groupe armé de l'A.F.D.L qui s'est traduit le 17 mai 1997 par un coup d'État.[1]

Ainsi, le 17 mai 1997, à la suite de son coup d'État, Laurent-Désiré Kabila rebaptise le pays « République démocratique du Congo ». Une fois son objectif réalisé, Laurent-Désiré Kabila va se détourner de ceux qui lui ont permis d'accéder au pouvoir en les invitant à quitter le pays de manière urgente. Les Banyamulenges basés dans la ville de Goma ont senti leur sécurité menacée à la suite du retrait des Rwandais et des Ougandais. *De facto*, ils ont fondé un groupe rebelle nommé le Rassemblement Congolais pour la Démocratie (le R.C.D.), groupe soutenu par le Rwanda et l'Ouganda.

Un conflit s'est produit entre le R.C.D. et l'armée officielle de Laurent-Désiré Kabila. Ce conflit déclenchera ce que l'on appelle : « la deuxième guerre du Congo » le 2 août 1998[2] mais : « cette fois, le conflit n'allait pas durer sept mois, mais cinq ans, jusqu'en juin 2003. (…) La Seconde Guerre du Congo fut un conflit d'une extraordinaire complexité, auquel participaient, à un moment donné, neuf pays africains et une trentaine de

---

[1] MÉNIELLE Julien, *op. cit.*
[2] I.F.D.J. *op. cit.*

milices locales. Dans cette épreuve de force, qui se déroulait à l'échelle du continent, le principal théâtre des opérations était le Congo. (…) Du fait de sa dimension continentale, on a parlé quelquefois de la "première guerre mondiale africaine", même si l'expression est extrêmement malheureuse car elle ne tient pas compte de l'impact très lourd de la Première et de la Seconde Guerre mondiales en Afrique. (…) En termes de victimes, cette Grande Guerre africaine ou Seconde Guerre du Congo est devenue le conflit le plus meurtrier depuis la Seconde Guerre mondiale. Pour le seul Congo, depuis 1998, au moins trois millions et sans doute cinq millions de personnes sont mortes du fait de la guerre, ce qui est supérieur au nombre de victimes des conflits très médiatisés de Bosnie, d'Irak, et d'Afghanistan, pour les trois pays réunis. (…) En 2007, on dénombrait chaque mois quarante-cinq mille morts de plus, dus aux conséquences indirectes de cette guerre oubliée. Ces victimes étaient pour la plupart des civils.[1] »

Une initiative a été prise par la communauté internationale : afin de mettre un terme à la Seconde Guerre du Congo, le 10 juillet 1999, un accord de cessez-le-feu a été signé à Lusaka, capitale de la Zambie, mais n'est jamais entré en vigueur. Par la suite, Laurent-Désiré Kabila a été assassiné dans le bureau de sa résidence officielle à Kinshasa le 16 janvier 2001[2] : « La mort de Kabila a marqué un tournant dans la Seconde Guerre du Congo. En toute hâte, son fils, Joseph Kabila, a été placé au pouvoir. Avec sa voix timide et sa jeunesse (il n'avait que 29 ans), il donnait l'impression, au début, d'être un personnage falot. (…) à peine un mois plus tard, il rencontrait à New-York Paul Kagame, son homologue et ennemi juré rwandais, et tenait plusieurs discours remarquables. Il parlait de paix, d'unité nationale et du rôle de la communauté

---

[1] VAN REYBROUCK David, *op. cit.*, pp.560-561.
[2] I.F.J.D, *loc. cit.*

internationale. (…) Après la parution de plusieurs rapports des Nations Unies faisant incontestablement état du pillage de matières premières par le Rwanda et l'Ouganda, [les Présidents de ces deux pays respectifs] ne purent plus prétendre qu'ils étaient présents au Congo uniquement pour garantir leur sécurité nationale. Il y eut alors une longue série de négociation de paix, à Gaborone (août 2001), à Sun City (avril 2002), à Pretoria (juillet 2002), à Luanda (septembre 2002), à Gbadolite (décembre 2002) et à nouveau à Pretoria (décembre 2002).[1] »

Le 18 juillet 2003, le R.C.D. a annoncé la fin de la guerre contre Kinshasa, ce qui mis un terme officiel à la Seconde Guerre du Congo. Néanmoins, ces initiatives n'empêchent toujours pas les combats de se poursuivre.[2]

Le dirigeant du R.C.D. Laurent Nkunda, d'ethnie Banyamulenge, rejoint l'armée nationale et fut nommé général en 2003. Il rejeta l'autorité du gouvernement et se replia avec ses troupes dans la province du Nord-Kivu : « Le résultat fut qu'en mai 2004, les hommes de Laurent Nkunda, avec ceux de Mutebusi, sillonnèrent les rues de la capitale provinciale Bukavu en se livrant à des tueries et des pillages. Ils violèrent, souvent en groupes, des dizaines de femmes et de filles, et même des fillettes de 3 ans.[3] » En 2006, Laurent Nkunda fonda un autre groupe armé, le Congrès national pour la défense du peuple (le C.N.D.P.) qui, en janvier 2007, sera intégré à l'armée nationale à la suite d'un nouvel accord pris avec le gouvernement, ce qui lui permet de prendre légalement, en échange, le contrôle de territoires qu'il convoitait. Toutefois, quelques mois suivant leur intégration dans l'armée régulière, le C.N.D.P. reprocha à l'armée nationale régulière de se coaliser avec le F.D.L.R composé principalement de génocidaires Hutus.

---

[1] VAN REYBROUCK David, *op. cit.*, p.596.
[2] I.F.J.D, *loc. cit.*
[3] VAN REYBROUCK David, *op. cit.*, p.603.

Des conflits ont de nouveau lieu contre l'armée congolaise et contre les troupes des Nations Unies qui eux, soutiennent l'armée nationale. Une conférence à Goma aboutira à un accord de cessez-le-feu le 23 janvier 2008 entre vingt-deux groupes rebelles de la région du Kivu avec l'aide des Nations Unies. Cet accord sera partiellement respecté.[1]

En janvier 2009, Laurent Nkunda a été remplacé de son poste de général du C.N.D.P. par son chef d'état-major, Bosco Ntaganda[2], tous les deux condamnés par la C.P.I plus tard.

Le 16 janvier 2009, le C.N.D.P. annonce la fin de la guerre et se prépare à réintégrer l'armée nationale. Le 23 mars 2009, le président élu en 2006 Joseph Kabila s'est engagé à intégrer les rebelles dans l'armée régulière et à reconnaître leur grade. Ce jour, un traité de paix sera signé entre le C.N.D.P. et le gouvernement congolais, mais le Président Joseph Kabila n'a pas tenu ses engagements. De ce fait, le Mouvement du 23 mars (le M23) a émergé et a demandé la protection du peuple tutsi ainsi que le respect des accords pris par le président. Ce fut le début d'une nouvelle guerre dans l'Est de la R.D.C. Le mouvement du M23 est soutenu par le Rwanda qui y voit des intérêts économiques. Le groupe commet de nombreuses exactions puis signe un accord de paix en 2013.[3]

Néanmoins, des massacres ont toujours lieu dans la région du Kivu. À ces massacres s'ajoutent de manière très notable les violences sexuelles de masse perpétrées par les groupes armés ainsi que l'armée nationale : « cette guerre sans front ni frontières dans laquelle les belligérants ont repoussé au-delà de l'entendement humain les limites de

---

[1] MÉNIELLE Julien, *loc. cit.*

[2] Le Monde avec AP, AFP et Reuters, « Confusion totale à la tête de la rébellion congolaise », dans *Le Monde*, 8 janvier 2009.

[3] VÉPIERRE Alexandra, « L'Est de la RD-Congo déchiré par 22 ans de guerre », dans *La Croix*, 15 août 2016.

l'horreur : pillages, crimes de guerres, crimes contre l'humanité, violences sexuelles, anthropophagie.[1] » (cf. *infra* page 137). Au cours de ces conflits armés, souligne le docteur Mukwege : « Les passions les plus destructrices de l'humanité se sont déchaînées ; le deuil menait au meurtre ; le meurtre à la vengeance, aux tueries de masse, aux viols de masse, à la torture de masse.[2] »

Afin de souligner la gravité de la situation par l'emploi de la violence sexuelle à l'est de la R.D.C. comme une systématique arme de guerre, le 27 juillet 2007, Yakın Ertürk, rapporteuse spéciale du Conseil des Droits de l'Homme des Nations Unies, lors d'une conférence de presse à Kinshasa a déclaré : « Dans le cadre de mon mandat, qui concerne la violence contre les femmes, la situation dans les deux Kivus est la pire des crises que j'aie rencontrées jusqu'ici.[3] » Dans son article au titre évocateur, dès les premières lignes, Véronique Moufflet mentionne le problème de la quasi-totale impunité de ces crimes.[4]

En 2011, il a été estimé que : « Plus de 1100 femmes sont victimes de viol chaque jour en République démocratique du Congo, soit une fréquence de ce type de violences multipliée par 26 par rapport à ce qui était précédemment estimé, selon les conclusions d'une étude publiée (...) aux États-Unis.[5] »

---

[1]LANOTTE Olivier, *Guerres sans frontières en République démocratique du Congo*, Bruxelles, éd. GRIP Editions Complexe, 2003, p.12.

[2] MUKWEGE Denis (Dr), *op. cit.*, p.83.

[3] MOUFFLET Véronique, « Le paradigme du viol comme arme de guerre à l'Est de la République démocratique du Congo », dans *Afrique contemporaine*, vol. 227, no. 3, 2008, pp. 119-133.

[4] MOUFFLET Véronique, *Ibid.*

[5] Agence France Presse, « RD Congo: plus de 1100 viols par jour », dans *Le Figaro*, le 11 mai 2011.

Selon le journaliste Louis Guinamard : « les régions de l'est de la République démocratique du Congo sont le théâtre de viols d'une ampleur anormale, souvent accompagnés d'actes de barbarie. Depuis 1996, 200 000 ont été recensés par les Nations Unies ; 12 000 en 2009, auxquels il faut ajouter tous ceux qui n'ont pas été enregistrés. Un chiffre bien plus alarmant dans les années antérieures, notamment [de] 2000 à 2004, période où la pratique semble particulièrement résulter d'une stratégie militaire. Des milliers de femmes victimes, marquées dans leur chair et leur esprit ; des millions de victimes indirectes : des enfants témoins du viol de leur mère, maris mutilés, communautés déchirées… (…) Arme - voire tactique - de guerre, les viols sont principalement commis par des milices désirant occuper un territoire en soumettant la population à la peur.[1] »

Le bilan de ces affrontements sans fin s'avère très lourd : des millions de morts ainsi que le déplacement forcé d'une partie de la population constituent les principales conséquences de ces conflits. Au regard de la durée de ces conflits qui engendrent des massacres accompagnés par des violences sexuelles d'une barbarie inouïe, les évènements qui ont lieu à l'est de la R.D.C. prennent une tournure génocidaire.

Le questionnement central qui se pose en l'espèce est le suivant : quelles sont les difficultés spécifiques auxquelles sont confrontées les victimes de violences sexuelles perpétrées dans les régions de l'est de la République démocratique du Congo et comment le droit international tente-t-il d'y remédier ?

---

[1] GUINAMARD Louis, *Survivantes. Femmes violées dans la guerre en République démocratique du Congo*, Paris, éd. Les Éditions de l'Atelier/ Éditions Ouvrières, 2010, p.5.

Une étude ainsi qu'une analyse en profondeur des principaux obstacles rencontrés à l'échelle interne s'ajoutant au malheur subi par les victimes de violences sexuelles perpétrées à l'Est de la République démocratique du Congo (Partie 1) ainsi que l'étude de l'application en l'espèce du droit international humanitaire et de la justice pénale internationale comprenant également leurs écueils (Partie 2) permettront de répondre à cette interrogation.

PREMIÈRE PARTIE

Les obstacles pour les victimes sur le plan interne

« Ceux qui vivent sont ceux qui luttent [1] » *dixit* Victor Hugo, célèbre poète et écrivain français du XIXe siècle.

Les victimes de violences sexuelles commises à l'est de la R.D.C. se heurtent à des obstacles et difficultés relevant d'aspects socio-culturels (Chapitre 1). Néanmoins, grâce au parcours, à l'œuvre et au dévouement du docteur Mukwege concernant la lutte pour l'égalité des sexes et contre les violences sexuelles commises notamment envers le sexe féminin, une extraordinaire première réponse à ces obstacles à l'échelle interne a pu se concrétiser (Chapitre 2).

[1] HUGO Victor, *Les Châtiments*, 1853.

Chapitre I
Des enjeux socio-culturels comme principales sources de difficultés pour les victimes

En plus du traumatisme physique et psychologique subis, s'ajoutent des difficultés supplémentaires endurées par les victimes de violences sexuelles en R.D.C. à savoir : le rejet et la stigmatisation sociale (Section 1), l'insuffisance des infrastructures (Section 2), la défaillance de l'État (Section 3) ainsi qu'une impunité à l'échelle interne (Section 4) qui en constituent les principaux facteurs.

Section 1 : Le rejet et la stigmatisation sociale

Par définition, la sexualité est une pulsion naturelle de vie qui est nécessaire à la reproduction : il n'y a rien de plus naturel que le désir sexuel, la sexualité et le sexe. Néanmoins, comme toute pulsion, afin de vivre en société de manière harmonieuse, il est nécessaire de la canaliser : en ce sens, le droit encadre la manière dont les rapports intimes et sexuels doivent s'opérer légalement. Par exemple, l'inceste, le détournement de mineur, le viol, les agressions sexuelles, les infractions sexuelles sur mineur etc. constituent des actes réprimés légalement. En France par exemple, seuls sont permis les rapports sexuels entre personnes majeures et consentantes ou entre une personne mineure de 15 ans consentante et une personne majeure.

Concernant plus spécifiquement le crime de viol, selon l'historien Georges Vigarello : « Le viol pose plusieurs problèmes particuliers, au-delà de ses parallèles avec l'ensemble des gestes brutaux : il est l'objet d'une vision propre, un regard tendant à minimiser plus encore l'image de la violence. (…) Il provoque déjà une blessure à la fois semblable et différente des autres. Semblable parce qu'elle est l'effet de la brutalité. Différente parce qu'elle est souvent peu consciente chez l'agresseur, effacée par l'immédiateté du désir, alors qu'elle intensifie la honte chez la victime, l'idée d'une souillure par le contact (…) D'où le sentiment d'avilissement faisant obstacle à la plainte, inclinant la victime à se taire et les observateurs à l'accuser. Situation très spéciale où la violence peut devenir moins visible, repoussée au second plan, masquée par le rejet dont la victime est l'objet ; [1] » Par conséquent, derrière les crimes de violences sexuelles commis sur les femmes en R.D.C, se cache une extrême perfidie de la part des auteurs, car ces derniers touchent directement de manière brutale à la sexualité, à l'intimité de ces femmes par leur organe génital afin de briser le tissu social, toucher et humilier les hommes à travers leurs femmes, mettre ces dernières dans une position d'extrême précarité, car la société congolaise est marquée par des coutumes et des cultures traditionnelles, dont le patriarcat : « Il n'est pas exagéré d'affirmer que les traditions, les coutumes, les préjugés… "écrasent" la femme congolaise. Alors que le père et "son" fils se comportent en chef – le Code de la famille reconnaît d'ailleurs le père comme chef de ménage -, la mère et "sa" fille sont confinées dans des rôles subalternes.[2] » Catherine Odimba Kombe, représentante adjointe de l'ONU-Femmes en R.D.C. le confirme en déplorant le constat selon lequel : « Quand l'homme frappait sa femme, c'était même chanté,

---

[1] VIGARELLO Georges, *Histoire du viol. XVIe-XXe siècle*, Paris, éd. Éditions du Seuil, 1998, pp.32-33.

[2] SANCHEZ Belen, SCHMITZ Marc, « Introduction – Les dérives d'une société malade » dans *Le viol, une arme de terreur. Dans le sillage du combat du docteur Mukwege*, Bruxelles, éd. Mardaga, 2015, p.25.

considéré comme un symbole d'amour et perçu comme normal tant par les hommes que par les femmes. Les femmes elles-mêmes ont légitimé cette situation.[1] » mais même : « Si les mentalités rétrogradent se relâchent peu à peu, l'agressivité et les discriminations diverses à l'égard du "sexe faible" sont toujours prégnantes. Au Congo, il en a toujours été ainsi, dans les ménages ou au sein des communautés – mais rien d'extraordinaire comparé aux sociétés voisines. (...) Cette violence s'inscrit dans un environnement culturel de type patriarcal au sein duquel certaines traditions ne promeuvent pas la femme en tant qu'être humain, dans sa dignité.[2] »

Dans les différentes situations de conflits armés examinées par le rapport de l'O.N.U. précédemment cité, un point commun a été relevé : « les violences sexuelles en temps de conflit ont lieu dans une situation de discrimination sexiste de nature structurelle, alors que cohabitent un système juridique formel et un système coutumier informel, et où les femmes sont exclues de la vie politique.[3] » Cet environnement culturel est malheureusement davantage propice au fait que : « L'objectif de l'utilisation du viol comme arme de guerre est de toucher à l'intimité, à l'intégrité et au ciment social de la société. Cette stratégie a donc pour conséquence d'affecter la confiance et l'amour propre des victimes mais aussi des communautés. (...) Une culpabilité qui est renforcée par des tabous qui pèsent sur la sexualité et la condamnation morale de ce crime, la société ayant souvent tendance à stigmatiser la victime plutôt que condamner

---

[1] Cité par SANCHEZ Belen, SCHMITZ Marc, *op. cit.*, p.27.
[2] SANCHEZ Belen, SCHMITZ Marc, *loc. cit.*
[3] Rapport S/2015/203, *op. cit.*, p.2.

l'auteur.[1] », constat partagé par le docteur Mukwege selon lequel : « Les stratégies de ces armées sont très bien pensées. Les femmes sont souvent violées en présence de leur mari. Souvent, elles sont violées en présence de leurs enfants. (…) Le fait qu'elles soient violées devant leur mari créé une réaction d'humiliation de la part du mari. C'est comme si l'homme voulait sauver son honneur en rejetant cette femme violée. Être dans une situation de victime et coupable. Il y a une destruction totale de la famille, de la communauté. (…) C'est vraiment une tactique de guerre.[2] »

Une autre donnée culturelle, même en dehors des conflits armés, est à l'origine de viols commis sur des fillettes voire des bébés : « Ce viol atteint également d'autres dimensions du sacré. Il est régulièrement rapporté que ces actes peuvent revêtir un caractère mystico-ésotérique. Il se dit, notamment pour les Maï-Maï, que la relation sexuelle avec des vierges ou de très jeunes enfants offrirait une protection magico-religieuse. De jeunes hommes auraient violé des femmes sur le conseil de leur féticheur [de leur *nganga*, terme issu de plusieurs langues bantoues qui serait plus précis que sa traduction française qui englobe féticheur, tradipraticien ou guérisseur spirituel] pour "guérir du sida" ou "pour "obtenir une prospérité éternelle". Bruno Miteyo, directeur de Caritas Congo développement, rapporte qu'il a eu vent de croyances selon lesquelles "pour avoir beaucoup de chance dans les affaires, il faut coucher avec une fille de moins de 5 ans".[3] » Concernant ce genre de pratique, dans le film de Thierry

[1] MORVAN Hélène, « Quelle justice pour les victimes ? » dans *Le viol, une arme de terreur. Dans le sillage du combat du docteur Mukwege*, Bruxelles, éd. Mardaga, 2015, p.96.
[2] GAVIN Madeleine (réal.), *City of Joy*, Netflix, États-Unis, Congo, 2016.
[3] GUINAMARD Louis, *op. cit.*, p.99.

Michel *L'homme qui répare les femmes : La Colère d'Hippocrate*, Maître Yvette Kabuo, juriste à la Fondation Panzi a interrogé une fille déposée à l'hôpital, qui venait de se faire enlever et violer dans la forêt. Face à la caméra, Maître Kabuo rapporte : « il faut qu'on déniche ces féticheurs, moi je crois que c'est la première action, parce-que ce sont eux qui sont en train de tromper ces gens : "si vous couchez avec une petite fille, vous voyez le sang de la fille vierge, vous aurez la richesse." Il faut dénicher d'abord tous les féticheurs qui sont là, qui sont connus.[1] »

Le docteur Mukwege, témoin de toutes ces violences, de cette « guerre passée sur le corps des femmes » constate le statut peu favorable qu'occupent les femmes en R.D.C : « Les femmes qui grandissent au Congo sont considérées dès la naissance comme des citoyens de seconde zone, ce qui est, à des degrés divers, le cas dans la plupart des sociétés. Dans les zones rurales c'est encore pire (...) Par tradition, le transport de charges lourdes relève également du domaine féminin. J'avais grandi en voyant des femmes très maigres chanceler sous le poids d'énormes sacs en toile remplis de grains ou de bois de chauffage portés sur le dos. (...) La société ne s'émeut nullement de leur sort. Les divorcées et les veuves ont peu de chances de se remarier. Les femmes n'ont presque aucune indépendance économique et sont souvent victimes d'abus physiques par leur mari, des abus dont on voyait le résultat à l'hôpital de Lemera.[2] » Avant les ravages causés par les conflits armés qui déchirent la R.D.C. depuis presque trente ans, le Docteur Mukwege aidaient les femmes à accoucher, mais à cause de certaines traditions et du manque d'infrastructures : « À Lemera, j'ai constaté les conséquences du peu de cas qu'on fait des femmes lors de

---

[1] MICHEL Thierry (réal.), *L'homme qui répare les femmes : La Colère d'Hippocrate*, Belgique, Les Films de la Passerelle, 2015.
[2] MUKWEGE Denis (Dr), *La force des femmes*, *op. cit.*, pp.52-53.

l'accouchement, ce moment où elles sont à la fois le plus vulnérables et le plus puissantes. (…) Certaines arrivaient vivantes, mais avec un utérus dans un état de putréfaction avancé plusieurs jours après un accouchement suivi de complications. (…) J'ai découvert pour la première fois les ravages de la fistule obstétricale. (…) Le résultat en est l'incontinence. Le contenu de la vessie ou du rectum s'écoule par le vagin. C'est très humiliant, car il devient alors impossible pour celles qui en souffrent de rester propres. L'odeur conduit souvent à un divorce ou à un rejet par la communauté.[1] » En effet, les pathologies liées à la gynécologie et à l'obstétrique peuvent être déterminants sur l'avenir social de la femme congolaise en plus d'avoir des conséquences sur sa santé, ce qui peut s'avérer être un facteur de pression supplémentaire pour les médecins locaux : « Je me sentais une lourde responsabilité car je tenais son avenir entre mes mains. Je savais l'impact qu'aurait sur une Congolaise le fait de ne plus jamais pouvoir donner naissance : être mère est malheureusement souvent le seul moyen d'acquérir un statut et une place dans la société.[2] »

Le fait d'avoir observé en pratique les répercussions d'une société patriarcale sur le devenir des femmes a motivé le docteur Mukwege dans son combat pour l'égalité des sexes : « En tant que jeune médecin dans un hôpital du Congo oriental, (…) je n'avais pas encore compris que notre système patriarcal façonnait nos normes sociales, notre économie, notre vie familiale et nos politiques. (…) Mais j'étais conscient de ces injustices. Et ces inégalités me mettaient mal à l'aise. J'ai décidé de contribuer à y remédier. La société avait beau mépriser les femmes en les considérant comme étant inférieures et faibles, j'avais été le

---

[1] MUKWEGE Denis (Dr), *op. cit.*, pp.54-55.
[2] MUKWEGE Denis (Dr), *op. cit.*, p.57.

témoin de leur courage face à la douleur et l'incertitude du quotidien.[1] »

Concernant les violences sexuelles subies à cause des conflits armés, le docteur Mukwege réitère son constat à l'hôpital de Panzi, hôpital qu'il a fondé en 1999, constatant de nouveau que : « notre société les rabaisse presque au niveau de leurs agresseurs. Quand mes patientes mes disent : "Ils m'ont tuée" au réveil d'une opération ou depuis leur lit de convalescence, ce qu'elles veulent dire, c'est qu'une part d'elles est morte, mais aussi qu'elles sont mortes aux yeux de leurs proches (…) Presque aucune femme hospitalisée à Panzi ne reçoit de visites de son mari. La plupart sont répudiées ou leur époux divorce. Une fois violées, elles sont perçues comme souillées. Souvent, elles sont mêmes jugées responsables de leur agression (...) J'ai vu des femmes condamnées par le chef de leur congrégation pour adultère, pour le "péché" d'avoir été violées. (…) L'isolement et la stigmatisation sociale des victimes ne se limitent pas à ça. Une victime peut être rejetée par ses propres parents et ostracisée de sa communauté. Si la victime souffre d'une fistule causée par un viol, les répercussions sont encore plus graves à cause des problèmes d'hygiène associés à cet état. (…) Ces survivantes sont parfois jugées aussi comme des "mauvais esprits", des sorcières, ce qui a pour résultat leur rejet, voire leur mise à mort.[2] »

Le fait de rejeter la faute sur la victime et de la stigmatiser à la suite d'un viol ou d'une agression sexuelle subie est un comportement qui se produit dans le monde entier, à des échelles différentes. En Occident, ce n'est que très récemment que les mentalités ont commencé à changer. Par exemple, le viol a été érigé au rang de crime pénal par une loi en date du 23 décembre 1980 intitulée : « Loi n°80-

---

[1] MUKWEGE Denis (Dr), *op. cit.*, pp. 66-67.
[2] MUKWEGE Denis (Dr), *op. cit.*, pp. 115-116.

1041 du 23 décembre 1980 relative à la répression du viol et de certains attentats aux mœurs.[1] » grâce à l'affaire Tonglet-Castellano, surnommé « le procès du viol » en 1978, dont les victimes ont été défendues par la grande avocate des droits des femmes Gisèle Halimi qui, par le passé, avait également participé au combat pour la légalisation de l'interruption volontaire de grossesse avec les procès de Bobigny en 1972. La misogynie et les logiques patriarcales étaient encore très ancrées dans la société française à la fin du XXe siècle. Comme le mentionne le docteur Mukwege : « Il faut que dans toutes les sociétés, le blâme, la culpabilité et la responsabilité des violences sexuelles des femmes portent sur les agresseurs. Ce sont eux qui doivent en payer le prix (…) Les pays et les cultures sont différemment avancés sur ces questions, mais aucun n'a atteint le point où les survivantes de violences sexuelles peuvent s'attendre à de la compassion et au soutien inconditionnel de tous.[2] » Dans son livre *La force des femmes*, le docteur Muwkege raconte le vécu d'une patiente et sa volonté de rester à l'hôpital par crainte de la stigmatisation, dont elle serait victime, si elle retournait dans son village d'origine : il s'agit d'une jeune fille nommée Wamuzila, qui a été enlevée, violée et réduite en esclave sexuelle dans la forêt par la milice F.D.L.R. Étant tombée enceinte, ses ravisseurs l'ont libérée. Le fœtus est mort *in utero* et une fois expulsé, elle a laissé le corps de l'enfant dans la nature, ce qui a eu pour conséquence de graves lésions au niveau de ses organes génitaux, de sa vessie et de son rectum. Elle a été amenée à Panzi par des membres de Médecins Sans Frontières. Une fois soignée, Wamuzila souhaitait y rester : « Je ne veux pas y retourner,

---

[1] Selon le site officiel Légifrance, consulté le 1er mai 2024 à 15h58. URL : https://www.legifrance.gouv.fr/jorf/id/JORFTEXT000000886767

[2] MUKWEGE Denis (Dr), *op. cit.*, p.117.

(…) je suis heureuse ici à l'hôpital, on prend soin de moi. Si je retourne au village, tout le monde va me montrer du doigt et se moquer de moi. (…) Elle m'avait avoué sa honte que ses agresseurs aient pris sa virginité. Je lui avais expliqué, comme je le faisais toujours pour mes jeunes patientes, que la virginité ne peut être prise ; elle peut seulement être donnée. Je répétais (…) que la honte et le déshonneur étaient du côté de ses violeurs, pas du sien.[1] »

Dans un des films réalisés par Thierry Michel intitulé *L'homme qui répare les femmes : La Colère d'Hippocrate*, à un moment, le docteur est filmé dans le centre la Cité de la Joie faisant partie de la fondation Panzi en train de s'adresser aux victimes de violences sexuelles en leur demandant de communiquer leur nom, leur lieu de provenance, les raisons pour lesquelles elles y sont, ainsi que leurs espoirs dans ce centre. Une femme répond : « Je suis venue ici parce que j'étais rejetée, méprisée. Mais je vois que nous sommes nombreuses. Nous venons ici pour être assistées, pour nous transformer, car nous sommes méprisées.[2] » Le docteur l'encourage à développer son propos. La femme reprend : « Quand on a subi des violences sexuelles, on n'a plus d'estime de soi, mais ici, nous sommes nombreuses.[3] »

Dans ce reportage, une autre femme témoigne : « Chez nous, il y avait (…) des garçons du quartier devenus rebelles. J'ai croisé ces garçons. Ils venaient piller. Ils m'ont attrapée et m'ont violée. Quand j'ai annoncé à ma mère que j'avais été violée, elle m'a dit : “c'est toi-même qui as voulu te faire violer”. Elle s'est fâchée et m'a chassée. Alors on m'a aussi chassée de l'école. Après, j'ai accouché d'un

---

[1] MUKWEGE Denis (Dr), *op. cit.*, p.127.
[2] MICHEL Thierry (réal.), *L'homme qui répare les femmes : La Colère d'Hippocrate*, Belgique, Les Films de la Passerelle, 2015.
[3] MICHEL Thierry (réal.), *Ibid.*

enfant qui a deux ans aujourd'hui.[1] » Certainement encouragée à prendre la parole après avoir entendu ce que ses semblables ont vécu, une troisième femme intervient : « Moi, je vivais avec ma mère. Quand ma mère est décédée, je n'ai plus eu personne pour me protéger. Je n'avais plus ma place à la maison. Quand je demandais quelque chose à mon père, il refusait. Il m'a chassée de la maison. Les voisins m'ont accueillie. Je passais toutes mes journées à pleurer.[2] »

Dans le reportage *City of Joy* réalisé par Madeleine Gavin, une femme témoigne face à la caméra du rejet auquel elle a été confrontée par un de ses parents à la suite des viols qu'elle a subis : « Il était environ vingt heures, on était à la maison. On a entendu des gens crier : "Ouvrez la porte !" Ils ont choisi trois filles et les ont fait s'allonger. Puis ils les ont violées. Après avoir terminé, ils les ont tuées. On a marché longtemps dans la forêt. (…) Ils nous ont violées jour et nuit pendant deux semaines. Une nuit, on a couru à toute allure. Quand on est rentrées, certains étaient contents, mais pas mon père. Il m'a dit : "Tu as été violée, tu portes une malédiction. Tu dois partir." C'est ma mère qui s'est occupée de moi. Elle s'est occupée de tout. Puis j'ai accouché.[3] »

Lorsque dans son hôpital les femmes reprennent espoir après avoir été opérées malgré les violences sexuelles ainsi que la stigmatisation subies, le docteur exprime que le sourire retrouvé de ces femmes l'encourage : « Quand elles arrivent ici, (…) [elles ressentent] une tristesse inouïe donc le sourire, c'est le signe de revenir à la vie. La joie de ces malades c'est vraiment un *feedback* pour nous et donc c'est

---

[1] MICHEL Thierry (réal.), *Ibid.*
[2] MICHEL Thierry (réal.), *Ibid.*
[3] GAVIN Madeleine (réal.), *op. cit.*

dopant si je dois dire ainsi pour continuer à faire son travail.[1] »

Un autre problème s'ajoutant au rejet et à la stigmatisation sociale pour les victimes réside dans le fait que l'hôpital de Panzi fondé par le docteur Mukwege constitue un des rares hôpitaux de la région prenant en charge les victimes de violences sexuelles s'expliquant par le manque d'infrastructures à l'est de la R.D.C.

Section 2 : L'insuffisance des infrastructures

Les victimes de violences sexuelles dans les conflits armés en R.D.C. se heurtent à des problèmes qui concernent le service public dans sa globalité. En effet, en R.D.C, le manque d'infrastructures ou les infrastructures défaillantes empêchent ces victimes d'être prises en charge rapidement et efficacement, en plus d'être socialement stigmatisées : « Le secteur de la santé reste très rudimentaire en RDC. Le pays manque d'infrastructures sanitaires de qualité. Et face à la quasi-absence de l'État, les entrepreneurs privés ont investi le secteur et essaient tant soit peu de relever le défi. C'est le cas à Goma, dans l'est du pays, où les hôpitaux privés sont plus nombreux et mieux équipés que ceux de l'État.[2] », s'ajoutant à cela : « le chaos quotidien de la circulation sur nos routes, (...) dans les constructions anarchiques, dans le noir d'encre qui s'abat une fois la nuit tombée à cause d'un éclairage public inexistant.

---

[1] MICHEL Thierry (réal.), *op. cit.*

[2] VOA Afrique, « Des hôpitaux de pointe à Goma, mais pas à la portée de tous » publié le 4 mai 2021, consulté le 26 avril 2024 à 16:05. URL : https://www.voaafrique.com/a/des-h%C3%B4pitaux-de-pointe-%C3%A0-goma-mais-pas-%C3%A0-la-port%C3%A9e-de-tous/5876692.html

L'électricité, tout comme l'eau courante potable, est un luxe dont Bukavu dispose par intermittence, et encore.[1] »

Avant l'éclatement des conflits armés dans les années 1990, le docteur Mukwege observait l'inefficacité des hôpitaux concernant la prise en charge des femmes enceintes : « J'ai développé une profonde admiration pour les femmes des villages autour de Lemera et la façon dont elles géraient (...) leurs grossesses et leurs accouchements dans des conditions précaires. Mais j'éprouvais aussi de la pitié et de la colère à l'idée qu'elles soient à ce point abandonnées par un gouvernement incapable de leur fournir les infrastructures nécessaires pour donner la vie dans de bonnes conditions.[2] » Cette insuffisance s'explique en partie par des raisons historiques : « Les infrastructures laissées par l'administration coloniale étaient en déshérence. Les routes et les chemins de fer tombaient en ruine. (...) Pendant que nous réfléchissions à notre avenir, les instituteurs du pays se sont mis en grève parce qu'ils n'étaient plus payés. Les hôpitaux ne pouvaient plus acheter de médicaments. La corruption était devenue endémique et officiellement reconnue.[3] » S'ajoute à ce facteur la fuite des cerveaux (le « *brain drain* ») : « les conséquences de la fuite des cerveaux en médecine des pays pauvres vers les pays riches sont dramatiques : elles contribuent encore de nos jours à accroître les inégalités en termes d'économie et de santé. (...) Au Congo, le ratio est d'à peine un pour dix mille.[4] » Cette insuffisance des infrastructures entraîne un manque de formation du personnel soignant : « Je savais qu'il n'y avait à cette époque pas un seul gynécologue qualifié dans toute la province du Sud-Kivu, sans même parler de Lemera en particulier. (...) Souffrir d'une fistule

---

[1] MUKWEGE Denis (Dr.), *op. cit.*, pp.130-131.
[2] MUKWEGE Denis (Dr.), *op. cit.*, pp. 59-60.
[3] MUKWEGE Denis (Dr.), *op. cit.*, p.73.
[4] MUKWEGE Denis (Dr.), *loc. cit.*

équivalait souvent à subir la honte et le rejet. L'établissement le plus proche pour faire soigner ce genre de problème se trouvait à Addis-Abeba, en Éthiopie.[1] » et rapporte, par son expérience personnelle, que cette insuffisance d'infrastructures serait également due aux dysfonctionnements de l'État : « Une partie du problème résidait dans les dysfonctionnements de l'État congolais sous la dictature de Joseph Mobutu (…) Malgré des besoins constants en médecins, je n'ai pas été admis en médecine dans mon pays et, à mon immense déception, je me suis vu refuser plusieurs bourses pour partir à l'étranger.[2] »

L'instabilité due aux conflits armés contribue à l'insuffisance des infrastructures dont les hôpitaux dans le Nord et Sud Kivu : « L'instabilité de cette région a induit une déstructuration du système de santé et contribue à entretenir une situation sanitaire précaire. Dans ce contexte, la population a difficilement accès aux soins de santé pour des raisons économiques. À ces difficultés s'ajoutent des barrières d'ordre culturel rencontrées spécifiquement par les femmes.[3] »

L'hôpital de Panzi créé à l'initiative du docteur Mukwege en 1999 constitue : « l'un des rares centres de soins disponibles pour plus d'un million d'habitants à Bukavu (…) L'absence de moyens électriques fiables nécessite que nous ayons nos propres ressources. Les coupures de courant peuvent durer trois ou quatre jours. Nous ne disposons que de quelques heures d'électricité par jour en provenance du réseau national, (…) des respirateurs et autres appareils qui chaque jour sauvent des vies. (…) Nous avons notre propre service de bus pour le personnel et

---

[1] MUKWEGE Denis (Dr.), *op. cit.,* p.67.

[2] MUKWEGE Denis (Dr.), *op. cit.,* p.49.

[3] LAMBERT Hélène, KAHINDO MBEVA Jean-Bosco, « Femmes et accès aux soins en République démocratique du Congo : des barrières liées au genre », dans *Santé Publique*, vol. 31, no. 5, 2019, pp. 735-744.

les patients en raison des transports en commun défectueux. Nous utilisons nos camions et équipement pour déblayer les routes environnantes quand elles sont coupées à cause de glissements de terrain.[1] »

Section 3 : La défaillance de l'État

Au lieu de prendre en charge et d'aider les victimes sur le plan médical et judiciaire, l'État constitue le vecteur principal des difficultés rencontrées par les victimes. Cela s'explique par plusieurs éléments. Premièrement, sur le plan historique : « Les héritages coloniaux, toujours très prégnants en Afrique centrale comme dans l'ensemble du continent, marquent l'histoire contemporaine de leur empreinte. La création des États a bouleversé, à des degrés divers, les espaces et les sociétés africains : véritable cataclysme dont l'onde de choc se fait toujours sentir.[2] » En effet, une fois indépendants : « les États africains qui ont accédé à leur souveraineté internationale, (...) ont hérité d'économies grabataires, parce que gravement estropiées par la rapacité immodérée des colons occidentaux qui ont pillé une partie importante de leurs immenses ressources naturelles.[3] »

L'État est par définition une personne morale de droit public qui exerce son autorité sur un territoire, sur une population et est titulaire de la souveraineté, mais : « il n'existe aucune définition conventionnelle universellement acceptée de l'État en droit international [même si] la Charte

---

[1] MUKWEGE Denis (Dr.), *op. cit.*, p.132.

[2] POURTIER Roland, « L'Afrique centrale dans la tourmente. Les enjeux de la guerre et de la paix au Congo et alentour », dans *Hérodote*, vol. 111, no. 4, 2003, pp. 11-39.

[3] SENE Dominique, « Du rôle et de la responsabilité de l'État dans le développement économique et le bien-être social au Sénégal », dans *Sciences & Actions Sociales*, vol. 5, no. 3, 2016, pp. 124-138.

des Nations Unies, alors même que celle-ci entend régenter au plus haut niveau, comme une constitution, les relations entre les collectivités humaines organisées en État afin, principalement, de “maintenir la paix et la sécurité internationales” (…) la Convention interaméricaine sur les “droits et devoirs des États”, signée à Montevideo le 26 décembre 1933, avait, dans son article 1er, posé les critères de l’État comme étant une “population permanente”, un “territoire défini”, "un gouvernement" et la “capacité d'entrer en relation avec d'autres États”. (…) L’État qui a la pleine personnalité en droit international est celui qui dispose d’un territoire, d’une population, d’une administration permanente (gouvernement) et qui est souverain. Seule une telle entité bénéficiera alors pleinement des droits que lui reconnaît le droit international en même temps qu'elle se trouvera soumise aux obligations qu'il pose.[1] »

Nonobstant le fait que le concept d’État ne soit pas universellement reconnu et adapté à toutes les sociétés dans le monde, il s’avère néanmoins que : « L’État est l’unique sujet originaire du Droit international public et il demeure “l’acteur privilégié” de la société internationale. (…) Le nombre d’États a, on le sait, presque quadruplé depuis le second conflit mondial. Toutes les “nations” semblent considérer qu’elles n’existeront véritablement que lorsqu’elles se seront constituées en État.[2] »

Toutefois, même si juridiquement, au sens du droit international public, les États indépendants et donc, souverains sont égaux en droit, en pratique, dans certains domaines, ils ne le sont pas tous, ce qui créé des inégalités

[1] CARREAU Dominique, « État » dans *Répertoire de droit international*, Dalloz, septembre 2010.
[2] ZARKA Jean-Claude, « 1. L’État », dans *Institutions internationales – 7e édition*, sous la direction de Zarka Jean-Claude. Ellipses, 2017, pp. 9-35.

entre les États : « Égaux en droit, les États sont inégaux en puissance. Ils n'ont ni des moyens équivalents d'exercer et de faire valoir leurs droits, ni les mêmes moyens de mettre en œuvre leur "volonté"/politique de puissance. Une logique des rapports de force s'applique entre les États, mais aussi avec des acteurs inter/transnationaux de plus en plus nombreux et concurrentiels.[1] »

En ce qui concerne l'État de la République démocratique du Congo, lorsque ce dernier s'est vu octroyer l'indépendance et donc, la souveraineté étatique par le roi Baudouin Ier le 30 juin 1960, il se trouve que : « Lumumba et les dirigeants de la postindépendance ont hérité d'un État aux coffres vides et d'un pays de quinze millions d'habitants qui ne comptait que quelques dizaines de diplômés universitaires. La Belgique laissait le Congo dans un état de cruelle impréparation pour son indépendance. (…) l'ancienne colonie ne se voyait accorder la liberté qu'en échange de l'accès à ses ressources, accompagné de la condition que ses territoires demeurent dans l'orbite occidentale. (…) L'idylle des Européens avec l'Afrique ne serait bientôt plus, une fois qu'ils seraient rentrés chez eux, qu'un souvenir empreint de nostalgie. Avec leur départ, le pays a été privé de compétences majeures : la connaissance de l'administration et le savoir-faire pour gérer un État-nation nouveau et immature.[2] »

Dans un de ses films, Thierry Michel exprime le fait que les guerres qui ravagent le Congo ont complètement déstabilisé la structure étatique à travers la violation de la souveraineté territoriale. L'armée régulière, une des principales composantes régaliennes, participe largement à cette défaillance : « Ravagé par deux guerres successives,

---

[1] BÉLIGH Nabli, « Chapitre 9. Le statut de l'État dans les relations internationales », dans *L'État. Droit et Politique*, sous la direction de Nabli Béligh. Armand Colin, 2017, pp. 187-209.
[2] MUWKEGE Denis (Dr), *op. cit.*, pp.34-35.

l'est du Congo, déstabilisé, voit proliférer des groupes armés devenus incontrôlables. En quête de territoires et de minerais précieux, les milices hutus, les milices tutsis, les guerriers traditionnels congolais et l'armée régulière sèment la terreur au cœur des populations de ces riches provinces.[1] »

Cette agression de la souveraineté étatique est expliquée et dénoncée par le docteur Mukwege selon lequel le pouvoir en place serait en partie complice de ces massacres : « le gouvernement s'avère incapable de défaire les milices sur le terrain, il essaye de les démanteler en leur proposant de devenir des soldats réguliers et de leur fournir des uniformes en échange du serment de défendre la nation. Par conséquent, des seigneurs de la guerre et des milliers d'anciens enfants-soldats ont été enrôlés dans l'armée congolaise. (…) L'incorporation des forces rebelles a eu de lourdes répercussions sur la discipline la cohésion et l'efficacité de l'armée congolaise. Les nouvelles recrues ont juré de défendre (…) ses citoyens, mais elles ont continué à employer leurs méthodes brutales. Leurs anciennes armes ont été mises à rebut, mais pas leurs attitudes. C'est à partir de là que nous avons commencé à accueillir davantage de victimes abusées par les forces armées congolaises. Et après avoir infecté l'armée, le virus du viol s'est répandu dans la population civile. (…) cette chaîne d'infection a pu se poursuivre à cause de la durée du conflit. Le nombre de victimes – les millions de morts, de victimes de viol, de déplacés – est aussi élevé parce que, en dépit du traité de paix en 2002, les combats n'ont jamais cessé. Près de vingt-cinq ans après la première guerre du Congo, la partie orientale du pays est toujours déchirée entre des groupes armés.[2] »

[1] MICHEL Thierry (réal.), *op. cit.*
[2] MUKWEGE Denis (Dr.), *op. cit.*, pp.166-167.

Face à la caméra, un enfant témoigne de sa souffrance résultant des exactions des soldats et groupes armés, ainsi que du manque d'intervention de l'État face à cette situation, puisque cet enfant craint désormais de retourner à l'école, qui est par essence une institution, problème qu'un État est normalement censé remédier : « Ils m'ont fait tant de mal. Ils ont tué mon père et ma mère. Je veux juste vivre en paix. J'adorais aller à l'école. Je ne sais pas si j'aurai le courage d'y retourner. J'ai très mal à l'œil et mes dents me font beaucoup souffrir.[1] »

Dans le village de Mwenga, dans le Sud-Kivu, un homme se livre par la prière : « Je pleure pour ma femme Zibaruzizawadi et pour les autres. Ma chère femme, autres victimes, je reste seul avec nos enfants dans la tristesse et la douleur. L'État ne m'aide pas et maintenant je suis vieux.[2] »

Dans ce reportage, une femme témoigne : « Cinq soldats me gardaient. Ils m'ont tous violée, les cinq soldats. J'avais le visage déformé, la tête gonflée, les doigts en sang. J'avais de l'argent caché autour de mes reins, mais ces soldats qui m'ont violée me l'ont pris. J'ai beaucoup souffert. Je ne peux plus regarder des soldats, ils sont si brutaux.[3] » ce qui prouve la défaillance de l'État car le devoir essentiel de l'armée régulière d'un État est de protéger et défendre sa nation, sa population, ce qui est tout le contraire en pratique en commettant des crimes contre leurs concitoyens. En temps normal, cette femme n'est pas censée ressentir de la crainte vis-à-vis de l'armée nationale, au contraire, elle est censée se sentir en sécurité et protégée en leur présence.

En effet, le devoir principal d'un État est la protection de sa population : « le but de l'État est de protéger et non d'opprimer sa population au risque de ne pas remplir le "minimum éthique aujourd'hui universellement requis par

---

[1] MICHEL Thierry (réal.), *op. cit.*
[2] MICHEL Thierry (réal.), *Ibid.*
[3] MICHEL Thierry (réal.), *Ibid.*

la communauté internationale[1]" (…) tous les mécanismes visant à protéger les populations dans des situations où l'État a failli à cette mission, loin d'être des atteintes à la souveraineté de celui-ci, doivent plutôt être vus comme servant la raison d'être de l'État et partant, la cause des populations qu'il doit normalement protéger. Cette fin humaine de l'État, (...) est à la fois le but de la responsabilité de protéger et du système politique de l'État.[2] » comme l'a démontré en pratique le rapport du Secrétaire général de l'O.N.U. en 2015 : « La violence sexuelle commise par des acteurs étatiques ou par des groupes armés associés à l'État demeure profondément préoccupante dans des pays ou régions comme (…) la République démocratique du Congo. En fait, ces dernières années, on a particulièrement rappelé l'obligation qui incombe aux gouvernements de protéger la population civile.[3] »

Russel Feingold, envoyé spécial des États-Unis en R.D.C confirme que : « Les gens de l'Est du Congo et surtout les femmes, doivent pouvoir croire que les militaires sont là pour les protéger et non pour abuser d'elles. Pareil pour la police. Ça veut dire que l'État de droit doit prévaloir en R.D.C. et donc que ceux qui commettent ces crimes atroces doivent être jugés. Les Congolais doivent les voir traduits en justice, condamnés et punis.[4] »

---

[1] Les opinions dissidentes du juge A. A. CANÇADO TRINDADE dans, CIJ, *Application de la convention pour la prévention et la répression du crime de génocide (Croatie c. Serbie)*, arrêt du 3 février 2015, Rec., 2015, p. 227, § 75 et dans CIJ, *Obligations relatives à des négociations concernant la cessation de la course aux armes nucléaires et le désarmement nucléaire (Îles Marshall c. Royaume-Uni)*, exceptions préliminaires, arrêt du 5 octobre 2016, §§ 139.

[2] MVÉ ELLA Léandre, « La responsabilité de protéger et l'internationalisation des systèmes politiques », dans *Civitas Europa*, vol. 42, no. 1, 2019, pp. 113-128.

[3] Rapport S/2015/203, *op. cit.*, p.3.

[4] MICHEL Thierry (réal.), *op. cit.*

À Kasika, dans le Sud-Kivu, un prêtre dans son église témoigne face à la caméra : « C'était le 24 août 1998, à la fête de [la] Saint-Barthélemy. Les chrétiens étaient ici, enfants, adultes confondus, (…) les militaires rwandais sont venus encercler l'église et là ils ont pris les haches, ils ont commencé à tuer les gens et ils ont massacré 139 personnes ici même dans l'église. Il y a une milice ici, qui est encore en forêt. Nous avons peur de ces F.D.L.R. alors on n'est pas libre, il n'y a pas de sécurité. On vit au jour le jour comme ça. (…) Les religieuses étaient massacrées dans la première porte là-bas. Après les avoir donc violées et mutilées, nous avons rencontré leur corps dans cette première porte.[1] » Thierry Michel lui demande les raisons pour lesquelles les auteurs ne sont pas traduits devant la justice, le prêtre lui répond : « ça c'est l'œuvre maintenant du Gouvernement. On se demande : est-ce que le Gouvernement est actif pour cela ? Un gouvernement (…) pour rechercher les auteurs de ces crimes. Quel gouvernement par exemple ou quelle armée ou quelqu'un qui a brûlé mille maisons, qui a brûlé des centaines de gens le nomme capitaine ? On le nomme colonel, pour le récompenser, pour en avoir peur ou, pourquoi ? C'est là où on se demande si le Gouvernement existe ou s'il n'existe pas. (…) sans justice on n'aura pas de paix. Il faut tuer mille personnes pour devenir général au Congo.[2] »

En 2008, lors d'un discours aux Nations Unies du docteur Mukwege, ce dernier témoigne : « Ce qui m'avait frappé c'est que je pouvais voir les panneaux de tous les États ou les représentants étaient là mais en fait sur le panneau de la République démocratique du Congo, les chaises étaient vides. Ces chaises vides c'était un message (…) c'était un souhait ardent d'avoir le soutien de notre

---

[1] MICHEL Thierry (réal.), *op. cit.*
[2] MICHEL Thierry (réal.), *Ibid.*

représentant, et la chaise était vide.[1] » expérience qu'il relate dans son ouvrage *La force des femmes* : « J'ai rapidement cherché des yeux le pupitre congolais. Quand je l'ai trouvé, j'ai ressenti un choc. Il était vide. Pas d'ambassadeur, pas de conseillers. (...) Le fait que l'ambassadeur n'ait jamais répondu à mes appels ou ne soit pas venu à notre rendez-vous prenait tout son sens. J'ai déjà expliqué les problèmes administratifs auxquels nous faisons face depuis le début de l'hôpital de Panzi : absence de financements publics, corruption, tentatives d'extorsion. (...) j'ai pris conscience de la manière dont j'étais considéré par le nouveau gouvernement de Kabila : j'étais boycotté, mais surtout, mes patientes étaient boycottées. J'étais venu à New-York en tant que porte-parole. Ce siège vide indiquait clairement que parler en leur nom et attirer l'attention sur la situation désespérée du Congo n'était pas bienvenu. (...) La façon dont j'ai été traité à l'ONU par mon propre pays m'a servi de formation accélérée quant aux difficultés rencontrées par les femmes qui trouvent malgré tout le courage de dénoncer leurs agresseurs.[2] »

Par la suite, il s'avère que : « en 2012, je retourne à New-York. Je devais faire un discours devant l'Assemblée générale des Nations Unies quand je suis invité par le Ministre congolais de la santé, à l'hôtel Waldorf. Je parle avec lui, on discute, et puis (...) il me dit carrément : "moi je vous dis de ne pas, demain, faire votre discours". Je dis : "mais, pourquoi ?" Il dit : "non, non, ici je vous dis tout simplement de ne pas présenter, si vous présentez, c'est à vos risques et périls." Il a été catégorique, menaçant, (...) donc j'ai annulé mon intervention.[3] » Nonobstant le fait que le docteur Mukwege ait été contraint d'annuler son discours, cela n'a pas été suffisant : une tentative

---

[1] MICHEL Thierry (réal.), *Ibid.*
[2] MUKWEGE Denis (Dr.), *op. cit.*, pp.202-203.
[3] MICHEL Thierry (réal.), *op. cit.*

d'assassinat a quand même été mise à exécution dès son retour des Nations Unies.[1] Cette tentative d'assassinat a motivé son départ en exil vers l'Europe avec sa famille.

Dans son dernier ouvrage, le docteur déplore le fait suivant : « L'État congolais est soit absent, - dans les premières années, Bukavu était sous contrôle des rebelles-, soit contre-productif dans l'intérêt qu'il nous témoigne. Le Congo est souvent qualifié "d'État en faillite"[2] ». L'historien David Van Reybrouck souligne à son tour la faillibilité de l'État congolais en le qualifiant comme étant faible à travers ces différentes formulations : « la faiblesse de l'État congolais[3] » ; « Un État faible comme le Congo[4] ». Le docteur Mukwege poursuit son propos : « Le budget des forces de maintien de l'ordre est détourné, ce qui laisse à la police à peine quelques véhicules, mais pas de carburant. (…) Pourtant l'État existe, toujours prêt à bondir à l'improviste tel un prédateur depuis la pénombre. Il y a au niveau local et national des bureaux remplis de fonctionnaires, de petits chefs et de contrôleurs mal payés prêts à exhiber des textes de loi quand ça les arrange. (…) Beaucoup de ces fonctionnaires ne cherchent pas à bien faire leur travail mais à en retirer quelque gain personnel. Certains sont animés de mauvaises intentions, d'autres cherchent simplement à subvenir aux besoins de leur famille, comme tout le monde au Congo, de la seule manière qu'ils connaissent : la débrouille.[5] » De plus, concernant l'argent reçu des différents Prix internationaux qui lui ont été décernés (en l'occurrence, le Prix Sakharov en 2014 et le Prix Nobel de la paix en 2018) qui lui servent à financer les besoins nécessaires relatifs au bon

---

[1] MICHEL Thierry (réal.), *Ibid.*
[2] MUKWEGE Denis, *op. cit.*, p.130.
[3] VAN REYBROUCK David, *op. cit.*, p.563.
[4] VAN REYBROUCK David, *op. cit.,* p.606.
[5] MUKWEGE Denis (Dr.), *op. cit.*, p.131.

fonctionnement de la Fondation Panzi, l'État se serait emparé de cet argent : « Le jour qui a suivi le dépôt des fonds au Congo, notre compte a été gelé par l'administration fiscale locale. (…) Pour la première fois, nos infirmiers et médecins sont allés manifester sous les fenêtres du centre des impôts à Bukavu. J'ai engagé des avocats pour dégeler nos avoirs. Quand le compte en banque a enfin été débloqué, il était vide. L'argent humanitaire européen avait été avalé par un État affamé et sans limites. Je ne l'ai jamais récupéré.[1] ». L'argent des impôts serait également détourné : « Même lorsque des impôts sont payés au Congo par les investisseurs étrangers, ils n'atteignent jamais la population en raison d'une corruption endémique que Kabila n'a rien fait pour enrayer au long de dix-huit ans de pouvoir.[2] »

Il semblerait que malheureusement, la R.D.C. soit un État corrompu dans tous les sens du terme. En effet, en gouvernant uniquement pour leurs intérêts personnels et non pour l'intérêt général de sa population (qui est censé être le principal objectif d'un État dit « démocratique »), les chefs d'État congolais tels que Mobutu, Laurent-Désiré Kabila et son fils Joseph Kabila ont été les principaux vecteurs de l'endémie de la corruption qui sévit et vicie toutes les infrastructures en R.D.C. Au sens aristotélicien, ces dirigeants sont des tyrans : dans son œuvre *La Politique*, Aristote identifie un tyran par le biais d'un critère principal : si le dirigeant recherche systématiquement son propre profit et gouverne systématiquement à l'encontre de la volonté de ses sujets. Pour le célèbre philosophe de l'Antiquité grecque, la visée d'un gouvernement légitime est le bien commun, et, *de facto*, les gouvernements se corrompent lorsque l'intérêt propre des gouvernants l'emportent sur le bien commun. L'historien flamand David

[1] MUKWEGE Denis (Dr.), *op. cit.*, p.133.
[2] MUWKEGE Denis (Dr.), *op. cit.*, p.178.

Van Reybrouck évoque la pratique systématique de la corruption du président zaïrois en ces termes : « Mobutu pratiquait la corruption dans des proportions tellement effarantes qu'un mot anglais oublié redevint usuel : *kleptocracy.*[1] » pratique relatée à son tour par le docteur Mukwege : « Mobutu et son petit réseau d'amis se sont extraordinairement enrichis à mesure que le pays se paupérisait.[2] »

Dans son discours tenu le 10 décembre 2018 à Oslo à l'occasion de la réception du Prix Nobel de la paix, le docteur Mukwege parle ouvertement de la corruption du gouvernement congolais, et ce, dans le même esprit que la définition d'un gouvernement corrompu au sens aristotélicien : « Mon pays est systématiquement pillé avec la complicité de gens qui prétendent être nos dirigeants. Piller pour leur pouvoir, piller pour leur richesse et leur gloire, piller aux dépens de millions d'hommes, de femmes et d'enfants, innocents, abandonnés dans une misère extrême tandis que les bénéfices de nos minerais finissent sur les comptes opaques d'une oligarchie prédatrice. »

Le film documentaire *L'homme qui répare les femmes : La Colère d'Hippocrate* remettant en cause l'inertie, la passivité de l'État congolais, sa corruption sur les crimes sexuels commis sur son territoire a été censuré par le ministre des médias congolais.[3]

Dans un autre documentaire réalisé par Thierry Michel intitulé *L'Empire du silence*, une autre facette de la défaillance de l'État par la volonté de l'armée régulière d'avoir voulu supprimer physiquement un groupe politique

---

[1] VAN REYBROUCK David, *op. cit.* p.488.

[2] MUKWEGE Denis (Dr.), *op. cit.*, p.177.

[3] Fondation Panzi, « Déclaration du Dr Denis Mukwege sur l'interdiction des films par le gouvernement de la RDC », consulté le 24 mai 2024 à 15:29. URL : https://panzifoundation.org/fr/statement-from-dr-denis-mukwege-on-the-drc-government-prohibition-of-film/

comprenant des partisans dont leur souhait est de revenir au pouvoir traditionnel a été mis en exergue : « Au Kasaï, (...) où la violence va prendre des proportions particulièrement abjectes et terrifiantes. Ici deux mondes s'affrontent : d'un côté Kinshasa, le pouvoir, l'argent, l'armée, de l'autre les villages, où l'on se souvient du temps où les chefs coutumiers étaient rois. L'un des plus importants, le Kamuina Nsapu veut revenir aux traditions. Il refuse de se soumettre à l'État congolais.[1] » Le chef, Jean-Pierre Mpandi, explique, en s'adressant à son auditoire autour de lui : « Les richesses que vous auriez dû avoir sont parties au Rwanda. La vie que vous auriez dû avoir, elle est partie en Ouganda. Qu'ont fait les politiciens pour nous ? Zéro. Au Congo, aucun service de sécurité ne travaille pour le bien de la population. (...) Tous combattent la population. L'État nous a négligés. Il n'y a pas de développement, rien. C'est pourquoi nous continuerons la résistance. Ma lutte est de rétablir le pouvoir traditionnel et de créer un mouvement politico-coutumier afin que finissent les jours de pleurs et de grincements de dents ![2] »

Thierry Michel, narrateur de son propre documentaire, décrit : « Le Kamuina Nsapu soulève un élan populaire, mais le 12 août 2016, il est tué par l'armée congolaise. Sa mort déclenche une révolte qui se répand de village en village dans toute la province.[3] »

Dans le film, un militaire de l'armée régulière congolaise enjoint son camarade de tirer dans le sexe d'une femme partisane de ce mouvement rebelle. Il lui ordonne : « Achève celle-ci dans son sexe. », ordre exécuté et filmé par des soldats de l'armée. Thierry Michel dresse le dramatique constat suivant : « Les massacres ensanglantent

---

[1] MICHEL Thierry (réal.), *L'Empire du silence*, Belgique, Les Films de la Passerelle, 2021.
[2] MICHEL Thierry (réal.), *op. cit.*
[3] MICHEL Thierry (réal.), *Ibid.*

le pays. (…) En faire la liste complète est impossible : c'est là toute la tragédie congolaise, un pays, sous l'empire du silence, mais ce silence, des victimes sont désormais décidées à le rompre : à Nganza elles viennent témoigner, soutenues par un collectif d'avocats. Elles obtiennent que des officiers de l'auditorat militaire les écoutent et enregistrent leur plainte.[1] » Un d'eux demande à une femme venue témoigner : « Alors, que veux-tu que l'État fasse de ceux qui ont tué et violé ?[2] » Elle répond : « Que l'État les tue aussi, parce qu'ils ont abusé de nous.[3] » Un homme demande à toutes les femmes venues témoigner : « Qui a tué ?[4] » Elles répondent en chœur : « Les militaires ![5] » Il pose la question : « Que vous ont-ils fait ?[6] » Elles répondent : « Ils nous ont violées ! Ils ont violé des filles et leurs mères. Ils ont tué, violé, ils ont tué nos maris. Ils ont saccagé tous nos biens. Ils nous ont beaucoup fait souffrir.[7] » L'homme reprend : « Cela veut dire que ceux qui voulaient tuer et violer devraient faire l'objet de poursuites judiciaires. Pour que ceux qui circulent sans être inquiétés soient arrêtés et sanctionnés pour que cela serve de leçon aux autres.[8] »

Comme évoqué auparavant, en R.D.C, une femme violée est une femme maudite, perdue, donc les auteurs ont conscience qu'en les violant, elles perdent tout, à quelques exceptions près : leur famille, leur mari, le soutien de leur communauté, de la société et les auteurs savent pertinemment que l'État ne les aidera pas.

---

[1] MICHEL Thierry (réal.), *op. cit.*
[2] MICHEL Thierry (réal.), *Ibid.*
[3] MICHEL Thierry (réal.), *Ibid.*
[4] MICHEL Thierry (réal.), *Ibid.*
[5] MICHEL Thierry (réal.), *Ibid.*
[6] MICHEL Thierry (réal.), *Ibid.*
[7] MICHEL Thierry (réal.), *Ibid.*
[8] MICHEL Thierry (réal.), *Ibid.*

Dans le documentaire, nous pouvons entendre que l'homme qui a interrogé la femme sur ce qu'elle attend de l'État a employé le terme de « *M'Bula Matadi* » (cf. *supra* page 39), ce « *M'Bula Matadi* » qui laisse le corps violenté et brisé des victimes du fait des violences sexuelles qu'elles ont subi à cause des conflits armés qui ne cessent de détruire et de déstructurer la R.D.C, en le brisant davantage par sa défaillance, sa passivité et la corruption qui règne au Congo laissant les bourreaux dans une quasi-totale impunité, ce qui conforte l'aphorisme de Paul Valéry selon lequel : « Si l'État est fort, il nous écrase. S'il est faible, nous périssons. »

Section 4 : Une impunité à l'échelle interne

Dans le film documentaire réalisé par Thierry Michel *L'Empire du silence*, Sonia Rolley, journaliste Afrique Radio France Internationale relate le fait suivant : « Il y a un lien évident entre les crimes commis dans le passé au Congo et les crimes qui ont été commis au Kasaï durant cette période tout simplement parce qu'en fait ce sont les mêmes militaires qui ont commis ces crimes. (...) en 2013 par exemple, à l'époque la justice militaire avait été saisie du dossier, a même demandé l'arrestation de ces militaires mais ne l'a jamais obtenu et parmi les noms qui avaient été cités au Kasaï il y avait aussi le nom du général Ruhorimbere qui dirigeait à l'époque la région militaire et qui était aussi identifié comme étant quelqu'un qui avait commis des crimes aussi au Sud-Kivu par exemple.[1] » Thierry Michel complète les propos de Sonia Rolley par ces mots : « Éric Ruhorimbere. On peut le suivre à la trace dans les tueries congolaises. Il a fait exécuter des militaires, des femmes, des enfants, autant de massacres répertoriés dans

[1] MICHEL Thierry (réal.), *op. cit.*

le Rapport Mapping [cf. *infra* page 139] qui ne l'ont pas empêché d'être promu général dans l'armée congolaise, fonction qu'il exerce encore aujourd'hui, symbole vivant d'un système d'une armée qui pratique elle-même la terreur.[1] » Scott Campbell, chef unité des Droits de l'Homme RDC aux Nations Unies de 2011 à 2014 fait état de manière explicite, face à la caméra, de l'impunité qui règne au Congo : « Les auteurs de ce qui se passe dans le Kasaï aujourd'hui, très peu d'entre eux craignent la justice. Ils ont confiance dans la culture de l'impunité et ils peuvent utiliser les méthodes les plus cruelles, les attaques les plus vicieuses contre des civils, et s'en tirer à bon compte.[2] »

Dans ce film documentaire, un exemple d'impunité lié à la défaillance et à la corruption de l'État lorsque Joseph Kabila était au pouvoir a été mis en avant : « Parmi ces rares procès, celui de Gédéon Kyungu, l'un des principaux chefs rebelles qui a semé la terreur dans la province minière du Katanga. Les accusations sont très lourdes : crimes contre l'humanité, tortures et même actes de cannibalisme. Arrêté par les Nations Unies, Gédéon Kyungu est traduit devant la justice congolaise et condamné à la peine de mort.[3] » Federico Borello, coordinateur Équipe Mapping aux Nations Unies de 2008 à 2009 complète ces faits en expliquant que : « [Gédéon Kyungu] était un chef de milice (…) mais il n'a pas été mis en prison. Il a été placé dans une caserne de l'armée congolaise. Nous, à la division des Droits de l'Homme, nous avons exercé toutes les pressions possibles pour qu'il soit transféré dans une véritable prison parce qu'il était clair qu'il allait s'échapper mais les autorités congolaises ne l'ont jamais transféré. Il (…) a continué à commettre les mêmes crimes qu'auparavant.[4] »

---

1 MICHEL Thierry (réal.), *op. cit.*
2 MICHEL Thierry (réal.), *Ibid.*
3 MICHEL Thierry (réal.), *Ibid.*
4 MICHEL Thierry (réal.), *Ibid.*

Thierry Michel poursuit : « À la surprise générale, le condamné à mort réapparaît au grand jour à Lubumbashi dans un simulacre de reddition. Sur son T-shirt, il arbore le portrait du Président Kabila. Les autorités provinciales lui font bon accueil et le gouverneur lui garantit sa protection. (…) Il est logé dans un quartier huppé de Lubumbashi sous surveillance militaire et il clame plus que jamais son allégeance au pouvoir.[1] » Les déclarations de Gédéon Kyungu confirment les précédents propos de Thierry Michel : « J'ai un parti politique très fort. Il y a des milliers et des milliers de membres. On ne peut pas les compter. Là, nous allons soutenir la majorité présidentielle qui est notre famille politique. Je suis aux côtés de Joseph Kabila.[2] »

Pourtant, la Constitution du 18 février 2006 en vigueur est formelle : elle garantit les droits fondamentaux et prévoit, dans son « Titre II. Des droits humains, des libertés fondamentales et des devoirs du citoyen et de l'État. » en son article 11, que : « Tous les Congolais sont égaux devant la loi et ont droit à une égale protection des lois. » et que : « [les pouvoirs publics] prennent des mesures pour lutter contre toute forme de violences faites à la femme dans la vie publique et dans la vie privée. » (article 14) et s'engage à ce que : « Les pouvoirs publics veillent à l'élimination des violences sexuelles. » (article 15), lois suprêmes puisque constitutionnelles qui semblent ne pas être appliquées en pratique.

Dans l'autre documentaire du même réalisateur, *L'homme qui répare les femmes : La Colère d'Hippocrate*, Maître Thérèse Kulungu, avocate à la clinique juridique de Panzi souligne l'impunité à l'échelle interne en mettant en avant le peu de procès qui ont eu lieu ainsi que leurs limites : « en 1998, avec la guerre du R.C.D, c'est là où on a commis beaucoup plus de crimes au Congo, et des crimes

---

[1] MICHEL Thierry (réal.), *op. cit.*

[2] MICHEL Thierry (réal.), *Ibid.*

ignobles. Très souvent, quand on prononce le jugement (…) ce sont les petits citoyens ou bien les petits soldats qui tombent. Quant aux officiers, aux grands poissons, c'est difficile. (…) Que justice soit faite pour qu'on dise qu'il n'y a plus d'impunité. Il faut qu'il y ait justice, que les coupables et que tous ceux qui ont commis des crimes depuis vingt ans maintenant, soient jugés.[1] » Plusieurs procès ont été filmés dans ce documentaire au Tribunal de paix de Kalehe où des condamnations ont été prononcées : sept ans d'emprisonnement pour « effraction de viol » concernant le premier accusé et « la plus forte expression pénale » pour tentative de viol avec violence pour le deuxième accusé. Le président du tribunal exprime : « les condamnés méritent leur sort. La prison c'est pour les rééduquer. Chacun à la fin de cette audience a dû retenir quelque chose sur le viol, sur les violences sexuelles et ce qui peut arriver à celui qui peut les commettre. Les victimes ont compris que la justice existe et que la bonne justice existe.[2] » Hélène Morvan, responsable Programmes Europe à RCN Justice & Démocratie relate les faits suivants : « En décembre 2014, la Cour militaire du Sud-Kivu a condamné le colonel Bedi Mobuli Engangela, dit “106”, à perpétuité pour crimes contre l'humanité, dont vingt ans pour viols et quinze pour esclavage sexuel. Plus de 700 victimes se sont constituées partie civile dont 83 ont témoigné au procès.[3] » Ces procès ayant abouti à des condamnations constituent des éléments d'espoir, mais ne sont pas suffisants face à la corruption et aux dysfonctionnements de la justice congolaise dans son ensemble dénoncés de manière

[1] MICHEL Thierry (réal.), *L'homme qui répare les femmes : La Colère d'Hippocrate*, *op. cit.*

[2] MICHEL Thierry (réal.), *op. cit.*

[3] MORVAN Hélène, « Stratégies pour inverser la tendance », dans *Le viol, une arme de terreur. Dans le sillage du combat du Docteur Mukwege*, *op. cit.*, p.90.

concrète et explicite dans le film de Thierry Michel dans lequel est filmé des échanges entre des femmes, des hommes, le colonel des Forces armées congolaises ainsi que le Procureur général de Bukavu au sein d'un local du mouvement associatif « V-Men » dans la commune de Kavumu, qui est un mouvement associatif visant et promouvant l'égalité des sexes et la lutte contre les violences faîtes aux femmes, encourageant les hommes à s'engager dans la lutte contre les stéréotypes de genre et qui vise à promouvoir le respect et l'égalité entre les hommes et les femmes, parrainé par le docteur Mukwege. Une femme sur place prend la parole : « Que ces violeurs d'enfants soient identifiés et punis ![1] ». Une autre femme intervient : « ceux qui violent ce sont nos pères, ce sont nos frères, les policiers, les soldats. Vous, les hommes, vous nous faîtes souffrir. Ces souffrances, vous les infligez aux femmes et à vos propres enfants. Je ne sais pas ce que vous voulez comme avenir. Les enfants sont notre avenir ! Quand vous violez des enfants de 3 ans, des enfants de 2 mois, vous n'avez pas pitié ?[2] » Une troisième femme s'exprime : « Aujourd'hui, on peut parler de massacre. Ce n'est plus du viol, c'est le massacre de nos enfants. Si les hommes de Kavumu ne se mobilisent pas pour combattre ces viols, chers hommes bien-aimés, vous allez sentir la solidarité des femmes. Le jour où elles vous refuseront leur lit, vous verrez la colère des femmes de Kavumu ![3] »

Le procureur général de Bukavu leur répond : « Il faut dénoncer. Il faut venir se plaindre. Si vous ne portez pas plainte c'est difficile pour moi de poursuivre.[4] » Un homme répond au procureur en soulignant l'hypocrisie dont fait preuve ce dernier et en dénonçant de manière explicite la

[1] MICHEL Thierry (réal.), *op. cit.*
[2] MICHEL Thierry (réal.), *Ibid.*
[3] MICHEL Thierry (réal.), *Ibid.*
[4] MICHEL Thierry (réal.), *Ibid.*

corruption qu'il pratique : « Ce qui nous décourage, c'est que quand nous dénonçons, nous sommes considérés comme plus criminel que celui qui a commis le viol. (…) Comment voulez-vous dénoncer à ce monsieur qu'on surnomme "Monsieur 100 dollars" ? (…) Vous n'osez pas dénoncer, car si vous le faites, c'est vous qui êtes arrêtés, pendant que l'auteur des faits, lui est libéré. (…) ceux qui ont attenté à notre vie, ont-ils été arrêtés ? Car quel que soit le délit que vous commettez dans ce pays, il suffit de donner cent dollars et on vous libère. J'arrêterai ici, car je sais que demain je vais me faire arrêter.[1] » Le colonel des Forces armées congolaises tente de défendre le procureur : « Vous dîtes que la police ne fait rien, l'armée ne fait rien, le parquet ne fait rien, l'État ne fait rien, le chef de groupement ne fait rien. Mais vous oubliez une chose, c'est que vous non plus vous ne faîtes rien ! (…) Oui, il se peut que la police ne fasse rien. "Le parquet ne fait rien." Oui, il se peut que le parquet ne fasse rien non plus, car quand vous amenez quelqu'un au parquet, vous voulez que la justice soit dite immédiatement.[2] »

Le docteur Mukwege tente de ramener le calme et s'exprime en mettant en avant son expérience professionnelle de chirurgien : « Ceux qui ont commis ces actes ont constaté le silence des hommes. Maintenant, ils violent des enfants de moins de 5 ans. Nous les docteurs, nous sommes en larmes en opérant ces enfants. (…) j'ai même opéré un bébé âgé de deux mois. La plupart de ces fillettes ne seront jamais des femmes. Chacun de nous a la responsabilité de protéger la communauté. (…) Nous continuerons à dénoncer, et je suis convaincu que ça cessera.[3] »

---

[1] MICHEL Thierry (réal.), *op. cit.*
[2] MICHEL Thierry (réal.), *Ibid.*
[3] MICHEL Thierry (réal.), *Ibid.*

Justin Kabongo Tunsala, Haut fonctionnaire du Ministère des Finances et Budget en R.D.C, Inspecteur Général des Finances, Secrétaire Général de l'Administration publique, président de l'Association Africaine de Lutte contre la Corruption (A.A.L.C.) dénonce, dans son ouvrage, le fait que la corruption est une pratique systématique et tolérée en R.D.C. et ce, dans tous les pans de la vie sociale et que cette pratique constitue un important facteur de misère, de pauvreté et de désespoir pour le peuple congolais. Dans un premier temps, il donne des éléments de définition de la corruption : « La corruption est multiforme et multidimensionnelle. Pour les uns, la corruption est la fraude, la concussion ou la dissimulation des documents pour parvenir à satisfaire le besoin par voie indue. C'est aussi la déformation d'une vérité, la dépravation des mœurs, de l'esprit... ; le moyen utilisé pour détourner quelqu'un de son devoir... (...) Pour les autres, la corruption est l'abus du pouvoir public ou privé pour satisfaire des intérêts particuliers (Transparency Universel). (...) C'est aussi un abus de pouvoir ou une irrégularité commise dans un processus de décision en échange d'une incitation ou d'un avantage individuel (Union Européenne).[1] » et explique ensuite que paradoxalement, officiellement, la corruption constitue une infraction prévue par la législation pénale congolaise : « La loi congolaise condamne la corruption, qui constitue un fait infractionnel relevant de la branche pénale du droit. Elle la classe au nombre des manières d'agir contraire aux attentes morales de la société (cf. Code Pénal congolais, voir les articles 147 à 150). (...) la corruption est le fait des fonctionnaires et agents publics. Elle se manifeste lorsque ceux-ci exigent ou acceptent, même sans les avoir sollicités, des avantages personnels, quelle qu'en soit la nature, pour poser un acte

[1] KABONGO TUNSALA Justin, *La corruption en République démocratique du Congo*, Paris, éd. L'Harmattan, 2016, p.23.

rentrant dans le cadre de leurs attributions ou s'abstenir de poser un acte alors qu'il est tenu de le faire. (...) En effet, une économie fondée sur la corruption et la prédation aboutit forcément à l'autodestruction de la puissance publique et sa désinstitutionalisation.[1] »

Dans son ouvrage, Justin Kabongo Tunsala décrit et explique le niveau d'ampleur que prend ce fléau de la corruption au sein des institutions judiciaires congolaises : « La corruption habite tous les niveaux des cours et tribunaux, on n'en parle plus tellement c'est devenu monnaie courante. Ces instances pratiquent une justice sélective, une justice à deux vitesses : dure pour les faibles et les pauvres, complaisante pour les puissants et les nantis. (...) Entretemps, on assiste, dans nos cours et tribunaux, de plus en plus, à des jugements qui étonnent : le plaignant (qui a raison) se voit condamné au profit de l'accusé (qui a tort) ! (...) De nombreux responsables de la justice congolaise, pour faire face à des conditions de vie très difficiles, n'arrivent plus à dire le droit correctement, devenant ainsi vulnérables à la corruption. L'opinion générale au sujet de la Justice au Congo est vraiment critique même les Autorités n'ont pas confiance ou ne croient plus en elle.[2] » Dans notre cas d'espèce, Hélène Morvan explique, à son tour : « Au Congo, la majorité des victimes n'ont pas recours à la justice car les frais de justice sont trop élevés ou elles ne peuvent pas payer les coûts de transport pour se rendre au tribunal. (...) La misère est particulièrement dramatique dans les provinces orientales touchées par le conflit. (...) Par ailleurs, les pratiques de corruption permettraient aux plus nantis de maîtriser les procédures et d'obtenir que le jugement soit tranché en leur faveur. Une enquête de large envergure réalisée en 2014 dans l'Est de la RDC a montré que 75% de la population estiment que pour

[1] KABONGO TUNSALA Justin, *op. cit.*, p.24.
[2] KABONGO TUNASALA Justin, *op. cit.*, pp.35-37.

qu'un tribunal accepte de saisir un dossier, il faut le payer. (…) [En droit congolais] Trois types de preuves existent : l'aveu, la preuve matérielle et le témoignage. En matière de viols, les aveux sont rares, et, en RDC, la collecte des preuves médico-légales se heurte à d'importantes contraintes techniques (…), comme pratiques. Pour les victimes, l'obtention d'un simple rapport médical dans les délais raisonnables (c'est-à-dire avant que les preuves physiques du viol aient disparues) représente un vrai défi. Le coût, la distance géographique des structures habilitées et le stigma dont souffrent les victimes empêchent le bon nombre de celles-ci de faire les démarches. (…) La crainte de témoigner est accentuée par le fait que les accusés sont souvent acquittés et les victimes encourent donc le risque de subir des représailles. (…) Et pour les victimes qui osent s'exprimer, leur témoignage est souvent mis en doute.[1] » Le journaliste Louis Guinamard, s'étant rendu en R.D.C, mentionne également la peur des représailles des victimes : « Les autorités n'ont pas forcément le souhait d'investir dans la recherche des violeurs, de constater que cela vient notamment de l'armée. La question de la responsabilité en cascade des dirigeants pose problème. À l'inertie du système s'ajoute souvent la peur des représailles. Les victimes ont particulièrement de sérieuses craintes de porter plainte contre les militaires.[2] » Hélène Morvan complète l'explication de cette spirale infernale par les propos suivants : « La stigmatisation sociale est l'un des obstacles majeurs à l'accès de la justice. Les victimes préfèrent se taire que d'être à nouveau taxées d'infamie. Pour la victime et sa famille, il s'agit d'une honte. Pour une jeune fille violée, la publicité génère (…) le risque de ne plus trouver un mari ou difficilement. Pour une femme mariée, il s'agit souvent d'une "cause de divorce", le mari se sentant trahi.

---

[1] MORVAN Hélène, *op. cit.*, pp.93-95.
[2] GUINAMARD Louis, *op. cit.*, p.142.

(…) Les parents eux-mêmes aident leurs enfants à cacher ce qu'il leur est arrivé pour échapper à ce blâme public. En conséquence, il paraît difficile que des faits considérés comme "honteux" soient portés devant des personnes étrangères à la famille, surtout s'il s'agit d'une figure d'autorité comme le juge.[1] »

Malgré toutes ces difficultés, la personne et l'œuvre du docteur Denis Mukwege représentent une extraordinaire première réponse afin de remédier à ces obstacles majeurs que subissent les victimes de violences sexuelles.

---

[1] MORVAN Hélène, *op. cit.*, pp.96-97.

Chapitre II
Un héros dans le chaos : Le docteur Denis Mukwege :

Une extraordinaire première réponse à ces difficultés sur le plan interne

« Un seul grand homme qui demeure humain sauve toujours, et pour tous, la foi dans l'humanité.[1] » *dixit* l'écrivain français Romain Rolland, lauréat du prix Nobel de littérature de 1915.

Conscient de toutes ces difficultés rencontrées par les victimes sur le plan interne au fil des évènements qui se produisent à l'est de la R.D.C, le docteur Mukwege soigne sur le plan physique et psychologique les victimes de violences sexuelles et tente de faire en sorte à ce que ces dernières retrouvent leur dignité et se réinsèrent au sein de la communauté et de la société. Pour ce faire, il a créé la Fondation Panzi (Section 1), a été récompensé par de multiples et différents prix internationaux de prestige qui lui ont permis d'être le porte-parole de ces femmes ainsi que des évènements qui se produisent dans la zone orientale de la R.D.C. sur la scène internationale afin d'alerter le monde sur les conséquences dramatiques des conflits armés au Congo (Section 2) afin de lutter contre l'impunité, et ce, parfois, à ses risques et périls (Section 3) mais son courage et sa détermination l'ont poussé à se lancer en politique afin de faire définitivement bouger les choses dans son pays d'origine (Section 4).

---

[1] Cité par CORREDOR Joseph Maria, CASALS Pablo, LABIE Jean-François, *et alii*, *Conversations avec Pablo Casals : souvenirs et opinions d'un musicien*, Paris, éd. Albin Michel, 1982, citation mise en exergue.

Section 1 : La création de la Fondation Panzi

Juridiquement, une fondation est une personne morale créée en vue de réaliser une œuvre d'intérêt général à but non lucratif. Selon la définition française issue de la loi n°87571 du 23 juillet 1987, la fondation est : « l'acte par lequel une ou plusieurs personnes physiques ou morales décident l'affectation irrévocable de biens, droits ou ressources à la réalisation d'une œuvre d'intérêt général et à but non lucratif.[1] »

Au regard du manque d'infrastructures comprenant des hôpitaux et des centres psychologiques, le docteur Mukwege raconte, depuis l'hôpital de Panzi dans la ville de Bukavu, les origines ainsi que ses motivations l'ayant poussé à la création de cet hôpital : « J'étais médecin directeur à l'hôpital de Lemera. C'était un hôpital rural. Malheureusement, en 1994, on a vu progressivement des troupes venant du Rwanda et qui montaient dans les hauts-plateaux et en 1996, l'hôpital avait été attaqué. Lors de cette attaque, trente-trois malades ont été tués dans leur lit et des membres du *staff* ont été tués. (…) ça m'a fait souffrir longtemps. Quand je me suis ressaisi, je suis venu à Bukavu. J'ai réhabilité deux maisons que j'ai transformé en hôpital de Panzi. La première patiente soignée à l'hôpital (…) a été violée par plusieurs personnes qui lui ont tirés dessus ensuite. Je pensais que c'était un cas isolé (…) mais malheureusement, j'ai constaté que ce n'était pas le cas. J'ai découvert que le viol était utilisé comme une arme de guerre. (…) Aujourd'hui, on a déjà soigné plus de 40 000 femmes. On a des femmes qui ont perdu leur vessie, leur vagin et leur rectum, et nous opérons autant par jour.[2] » Dans son dernier ouvrage, le docteur Mukwege explique les

[1] GUINCHARD Serge, DEBARD Thierry (dir.), *op. cit.*, p.496.

[2] GAVIN Madeleine (réal.), *op. cit.*

financements de l'hôpital de Panzi : « Grâce à des fonds issus de la Communauté des églises pentecôtistes d'Afrique centrale [La communauté des églises pentecôtistes d'Afrique centrale a été fondée par des protestants suédois], nous étions en train de bâtir un hôpital.[1] » puis précise que : « Grâce à des financements de divers organismes caritatifs et ecclésiastiques suédois ainsi que de l'Agence suédoise de la coopération pour le développement international, nous avons pu construire plusieurs bâtiments hospitaliers (...) En 2002, nous disposions de cent vingt-cinq lits. Depuis, nous nous sommes vus attribuer, non sans satisfaction, le soutien financier d'un certain nombre d'organismes et de gouvernements, dont l'Agence américaine pour le développement international, l'association (...) basée aux États-Unis EngenderHealth et la Fistula Foundation. Le gouvernement britannique a également apporté une contribution capitale en nous permettant en 2007 d'ouvrir une aile consacrée exclusivement aux survivantes de violences sexuelles. Nous nous appuyons aussi sur nos bailleurs de l'Église suédoise et recevons annuellement des fonds de l'Union européenne. (...) Nous sommes depuis nos débuts un hôpital privé à but non lucratif géré par une congrégation religieuse, la Communauté des églises pentecôtistes d'Afrique centrale.[2] » Il explique qu'à cause des conflits depuis 1996 : « Ce sont les circonstances qui ont fait de moi un spécialiste des blessures par viol.[3] » et que : « Beaucoup de mes patientes arrivent à l'hôpital en tant que "victimes" – c'est ainsi qu'elles se voient. Elles ont subi les agressions sexuelles les plus terribles, voire des tentatives de meurtre. (...) Mais grâce à leur force intérieure, nous cherchons à en faire des survivantes au sens le plus exact du terme. Nous voulons qu'elles aient le

---

[1] MUKWEGE Denis (Dr.), *op. cit.*, p.79.
[2] MUKWEGE Denis (Dr.), *op. cit.*, pp.129-132.
[3] MUKWEGE Denis (Dr.), *op. cit.*, p.16.

sentiment d'avoir surmonté ces épreuves. Leurs agresseurs ont beau avoir voulu les tuer et leur retirer toute dignité nous faisons notre possible pour les rétablir d'un point de vue physique et mental. (…) Ce processus est l'essence même de notre travail à l'hôpital de Panzi, que j'ai fondé en 1999.[1] »

La première patiente arrivée à l'hôpital de Panzi était déjà une victime de violences sexuelles : « cette toute première patiente avait été victime d'un viol collectif perpétré par des soldats rwandais. Elle est restée plusieurs mois avec nous afin de se rétablir. Elle ne m'a pas révélé toute l'histoire, j'ai appris ce qui lui était arrivé de la bouche de l'un de ses proches. (…) C'était un crime haineux, pourtant loin d'être un cas isolé. Les trois premiers mois des archives hospitalières de Panzi, de fin septembre à décembre 1999, montrent que nous avons admis quarante-cinq femmes pour blessures à cause de viols. (…) La nature et la fréquence de ces blessures par viols étaient sans précédent. (…) le Congo est désigné dans les médias comme "la capitale du viol", une expression utilisée un jour par une personnalité de l'ONU.[2] »

Le docteur Mukwege décrit des actes de barbarie qu'il a pu constater lors de ses différentes interventions chirurgicales sur ses patientes au cours de sa carrière : « Toutes avaient été violées par des hommes armés – des soldats ou des rebelles. (…) Nombre d'entre elles avaient des plaies infligées avec une violence extrême. Quelques-unes avaient été volontairement blessées aux parties génitales. Les violeurs inséraient leur pistolet dans le vagin de leur victime avant d'appuyer sur la détente. [cf. *supra*, citation de Frantz Fanon, page 5] D'autres avaient été pénétrées avec des bouts de bois, des objets tranchants ou du plastique brûlant. (…) Souvent, elles étaient violées

---

[1] MUKWEGE Denis (Dr.), *op. cit.*, pp.17-18.
[2] MUKWEGE Denis (Dr.), *op. cit.*, pp.98-99.

devant leur mari, parfois leurs enfants. Et ceux-ci étaient quelquefois, sous peine de mort, obligés de participer au viol.[1] »

Sur le plan psychologique, le docteur Mukwege témoigne que la plupart de ses patientes : « avaient la sensation d'être détachées de leur corps, comme si les agresseurs avaient tranché le lien vital entre leur perception d'elles-mêmes et leur existence physique. (…) cet état serait compris comme une "dissociation", qui est une réaction courante à un traumatisme. Certaines patientes disaient qu'elles avaient eu l'impression que leur esprit quittait leur corps.[2] »

Ce genre de phénomène qui se produit entre le corps et l'esprit renvoie clairement à l'idée de Platon dans le *Gorgias* selon laquelle : « *Sôma sêma* », le corps est le tombeau de l'âme, qu'entre autre, le corps constitue souvent une entrave à l'accomplissement de la vie spirituelle et que finalement, on peut en conclure qu'existe une dialectique, une frontière et non une barrière étanche, et ce, en permanence, entre le corps et l'esprit. Le docteur Mukwege poursuit en expliquant le phénomène psychologique subi après un viol accompagné d'actes de barbarie selon lequel ces derniers : « engendrent des séquelles psychologiques profondes (…) Il s'agit là d'une attaque contre ce qu'on a de plus intime. Ne plus avoir le contrôle de ses parties génitales provoque un important désordre mental et un sentiment d'humiliation que les bourreaux connaissent bien.[3] » Il précise ensuite, à juste titre : « Je ne pouvais pas être à la fois le directeur de l'hôpital, son chirurgien et son psychologue. Les soins psychiatriques devaient être dispensés par une équipe spécialisée.[4] » Grâce à son

---

[1] MUKWEGE Denis (Dr.), *op. cit.*, p.101.
[2] MUKWEGE Denis (Dr.), *op. cit.*, p.102.
[3] MUKWEGE Denis (Dr.), *loc. cit.*
[4] MUKWEGE Denis, *op.cit.*, p.107.

expérience et son parcours, le docteur Mukwege a pris conscience que : « chaque victime de violences sexuelles réagit différemment. Chaque accident est vécu de manière unique. (…) Il n'y a pas de "norme", et l'absence de trauma n'atténue en rien la gravité du crime. (…) nous traitons chaque cas individuellement en acceptant qu'il n'y ait pas de solution miracle pour affronter les répercussions des violences sexuelles. (…) Parce que les victimes peuvent se sentir détachées de leur corps, auxquelles elles n'accordent plus de valeur elles peuvent être amenées à avoir des relations sexuelles inappropriées. Beaucoup ressentent après coup de la honte, du dégoût, pour elles-mêmes et de la culpabilité. Ce sont des sentiments communs mais pas universels.[1] »

L'expérience vécue avec sa patiente Wamuzila s'est révélée être le point de départ du projet de la Cité de la Joie, un refuge qui appartiendra à la fondation Panzi : « Elle m'a aidé à comprendre que nous devions faire plus que simplement soigner les blessures et les traumatismes. (…) Il fallait éduquer et encourager les changements sociaux pour que les survivantes de violences sexuelles sentent qu'elles avaient une chance, qu'avoir été violée ne constituait pas une condamnation à perpétuité, qu'elles pouvaient surmonter la stigmatisation dont elles étaient victimes.[2] »

En 2006, lors d'un voyage aux États-Unis, après s'être heurté au refus de l'État congolais d'interpeller le monde sur la situation à l'est de la R.D.C, le docteur Mukwege a rencontré Eve Ensler, dramaturge féministe et auteure des *Monologues du vagin* à l'occasion d'une discussion publique à la New-York University dont le sujet relevait des violences sexuelles. Marqué par cette rencontre qui constituera un tournant majeur dans la création du refuge de

---

[1] MUKWEGE Denis, *op. cit.*, pp.108-109.

[2] MUKWEGE Denis, *op. cit.*, p.129.

la Cité de la Joie, le docteur Mukwege explique : « Nous partageons tous deux la conviction que si le vagin est l'objet de tant de tabous, c'est pour que les hommes puissent continuer à le maltraiter derrière des portes fermées. (...) Elle a apprécié mon dévouement en tant qu'homme à la cause des violences sexuelles.[1] » mais explique que tout n'a pas été facile afin de mettre en place ce projet. En effet : « Il n'avait pas été facile de convaincre Christine. [Schuler-Deschryver] À force de d'assister à tant de souffrances, elle était devenue cynique quant à l'intérêt que les Occidentaux témoignaient aux conflits du Congo et quant au fait qu'une célébrité s'engage au point de faire la différence.[2] » Dans le reportage *City of Joy* réalisé par Madeleine Gavin, le docteur Mukwege évoque cette rencontre avec Eve et Christine Schuler-Deschryver qui témoigne de la réticence de cette dernière concernant Eve par le passé : « Je connaissais *Les Monologues du vagin* et son travail avec les victimes de violences sexuelles. Quand je suis rentré de New-York, j'ai dit à Christine que c'était très important qu'elle prenne contact avec Eve.[3] » Christine Schuler-Deschryver était réticente concernant cette nouvelle car elle explique que beaucoup de célébrités venaient pour prendre des photos, récoltaient des fonds mais la Fondation ne les a jamais perçus, qu'il n'y a pas eu d'engagement sincère et durable de la part des célébrités vis-à-vis de la cause de la Fondation Panzi, mais une fois qu'elle a vu la manière dont Eve Ensler s'y prenait avec les victimes, elle changea d'avis : « quand j'ai vu comment elle était avec les femmes, au lieu de critiquer, j'ai décidé que ce qui comptait c'était le souhait d'amener du changement.[4] »

---

[1] MUKWEGE Denis, *op. cit.*, pp.134-135.
[2] MUKWEGE Denis, *op. cit.*, p.138.
[3] GAVIN Madeleine (réal.), *op. cit.*
[4] GAVIN Madeleine (réal.), *Ibid.*

Dans le documentaire, Eve Ensler s'exprime : « On était liées, nos missions se rejoignaient. Ces semaines d'interviews réalisées à Panzi nous ont soudées. Depuis la Bosnie, j'ai travaillé dans beaucoup d'endroits où le viol est une arme de guerre, que ça soit en Bosnie, en Haïti ou en Afghanistan, mais au Congo, l'ampleur des faits dépassait tout ce que j'avais déjà entendu.[1]»

Dans le documentaire réalisé par Madeleine Gavin a été filmé la manière dont le refuge La Cité de la Joie a vu le jour. Christine Schuler-Deschryver est devenue la vice-présidente de la Fondation Panzi, la co-fondatrice et la directrice du centre La Cité de la Joie et rapporte le fait décisif suivant quant à la création du centre : « On a demandé aux filles ce qu'elles voulaient. Elles ont dit : ' "On veut un endroit où on peut rester et être autonomes." Puis on a commencé à construire. Le centre est né ainsi.[2] » Le documentaire a filmé la première réunion de certains membres de la Fondation Panzi concernant les prémices de la création du centre La Cité de la Joie. Le docteur Mukwege commence par dire : « C'est une vie qui n'est pas facile, sans hôpital, sans assistance et je pense que ce n'est pas un lieu où rester, c'est un lieu de passage (…) On passe dans ce lieu pour retourner à la vie normale avec une vision différente de celle qu'on avait avant.[3] » Eve Ensler demande : « Une des choses dont on parlait, c'est comment créer une maison de *leaders*, où des femmes qui ont vécu le pire deviennent les voix les plus fortes pour ce pays ?[4]»

Le docteur Mukwege lui répond : « Je pense que ces femmes ont une force qu'on ne peut pas imaginer, une force qui peut réellement créer des changements. » Eve Ensler

---

[1] GAVIN Madeleine (réal.), *op. cit.*
[2] GAVIN Madeleine (réal.), *Ibid.*
[3] GAVIN Madeleine (réal.), *Ibid.*
[4] GAVIN Madeleine (réal.), *Ibid.*

propose un nom : « Le Village ou la Cité de la Joie ?[1] » Christine Schuler-Deschryver répond en décidant : « La Cité de la Joie.[2] »

Un an plus tard, Eve Ensler est filmée dans une voiture en train de s'adresser au docteur Mukwege qui conduit : « Tu as entendu les gens qui ont dit qu'ils n'aimaient pas le nom de la "Cité de la Joie ?" Ils disaient : "Non, ces femmes sont des victimes, 'la joie' n'est pas un mot approprié."[3] » Le docteur répond que par ce nom, il faut leur apporter de la joie, ce à quoi Eve Ensler répond : « Exactement, elles ne doivent pas être [condamnées à être] malheureuses pour toujours.[4]» Leur idée de donner un nom révélateur au refuge dont l'objet est de prendre en charge les victimes sur le plan psychologique avec une méthode holistique pour ensuite leur permettre de les réinsérer dans la société fait certainement partie du processus de guérison psychologique à travers la dimension performative du langage.

Dans ce même documentaire, Jane, une survivante de violences sexuelles, témoigne face à la caméra : « On nous a demandé ce qu'on voulait et on a répondu : une maison. Un endroit loin des soldats où on peut vivre en paix. Au début, on croyait qu'ils nous mentaient, mais c'était vrai et le jour de la cérémonie pour placer la pierre, on était en joie.[5] » En 2011 a eu lieu la cérémonie d'inauguration de la Cité de la Joie. Lors de la cérémonie, Christine Schuler-Deschryver s'exprime devant toutes les personnes présentes : « Qui a construit cet endroit ? Les briques que

---

[1] GAVIN Madeleine (réal.), *op. cit.*
[2] GAVIN Madeleine (réal.), *Ibid.*
[3] GAVIN Madeleine (réal.), *Ibid.*
[4] GAVIN Madeleine (réal.), *Ibid.*
[5] GAVIN Madeleine (réal.), *Ibid.*

vous avez portées, je ne pouvais pas les porter. C'est pourquoi, nous transformerons votre souffrance en force.[1] »

Dans son ouvrage *La force des femmes*, Denis Mukwege relate l'inauguration de la Cité de la Joie : « Quand nous avons inauguré la Cité de la Joie en février 2011, Eve était là, ainsi que trois mille personnes. Il y avait aussi des politiciens américains, des travailleurs humanitaires et une poignée de célébrités, mais surtout des Congolaises. (…) Eve a mis en place une bourse de vingt mille dollars pour qu'elles puissent créer leur propre entreprise. Le principe de la Cité de la Joie était simple : construire sur la force et la résilience évidente des patientes. (…) Une fois passée par la Cité de la Joie, chaque femme deviendrait tutrice ou activiste pour changer la perception des survivantes de violences sexuelles et de ce qu'elles sont capables d'accomplir.[2] » L'UNICEF a participé financièrement à l'inauguration de la Cité de la Joie en promettant un million de dollars. Eve Ensler a lancé une campagne mondiale centrée sur le Congo grâce à son association V-Day.[3] Un autre refuge appartenant à la Fondation Panzi a ouvert en parallèle de la Cité de la Joie : « À peu près dans le même temps où nous inaugurions la Cité de la Joie, nous y avons adjoint une autre institution issue de la même idée, la Maison Dorcas, gérée par la Fondation Panzi et (…) la docteure Christine Amisi. La Maison Dorcas sert de refuge aux femmes qui ont des enfants nés d'un viol et aux femmes avec des fistules incurables.[4] » Néanmoins, dans son livre, le docteur Denis Mukwege précise tout de même les limites des soins psychologiques apportés ne pouvant pas soigner absolument chaque victime : « Nous ne réalisons pas de miracles. (…) Grâce à la chirurgie, je peux rétablir et

---

[1] GAVIN Madeleine (réal.), *op. cit.*
[2] MUKWEGE Denis (Dr.), *op. cit.*, pp.143-144.
[3] MUKWEGE Denis (Dr.), *op. cit.*, p.141.
[4] MUKWEGE Denis (Dr.), *op. cit.*, p.147.

réparer des corps. L'esprit humain est beaucoup plus complexe. Chaque survivante doit apprendre à vivre avec son passé, mais certaines blessures sont trop profondes pour guérir complètement. Beaucoup doivent composer avec des mécanismes qui les font replonger dans leurs souvenirs traumatiques.[1] »

Le docteur Mukwege précise que la devise de la Cité de la Joie est : « "Transformer la peine en force" : ces filles qui ont tant souffert, les rendre *leaders* dans leur propre communauté. Ça peut prendre du temps, mais nous y croyons. Stop à la violence comme tactique de guerre. Stop au viol sauvage qui détruit notre société et qui nous détruit nous-mêmes. Ce n'est pas possible, ce n'est pas acceptable, c'est inimaginable.[2] »

Les effets semblent avoir porté leurs fruits, même pour un cas extrême comme celui de Jane qui fait part de son témoignage : « J'étais chez mon oncle, je dormais. Ils nous ont emmenés dans la forêt. Ils ont coupé le sexe de mon oncle, ses bras, ses jambes. (...) Puis, ils m'ont violée et m'ont attachée à un arbre. Je suis restée attachée là pendant deux mois. Mes bras étaient gonflés. Ils ont détaché mon oncle et son cadavre est tombé sur moi. Ils m'ont laissée là. Je ne pouvais pas bouger. Quand les bons soldats nous ont trouvées (...) j'étais enceinte d'un mois. Ils m'ont emmenée, j'étais très faible. Quand je suis rentrée, il n'y avait personne. Je faisais tout le temps des cauchemars, j'étais morte de peur. À sept mois de grossesse, la milice m'a à nouveau enlevée. Ils m'ont frappé le ventre avec le bord d'une machette. (...) Ils m'ont aidée à accoucher, mais ils m'ont cassé le bassin. Le bébé était décomposé. (...) Mon ventre enflait de plus en plus. C'étaient des morceaux du bébé en décomposition qui n'étaient pas sortis. (...) Quand je suis rentrée, j'ai logé chez mes voisins. Une

[1] MUKWEGE Denis (Dr.), *op. cit.*, p.146.
[2] GAVIN Madeleine (réal.), *op. cit.*

mauvaise odeur sortait de ma bouche et de mon sexe. Mes voisins ont entendu à l'église qu'un hélicoptère cherchait les gens qui souffraient comme moi. J'étais difficile à transporter parce-que mon corps entier pourrissait. (…) Un homme m'a portée sur son dos dans un panier. Je suis arrivée à l'aéroport.[1] »

Même le docteur Mukwege s'avérait pessimiste concernant le cas de Jane : « Quand Jane est arrivée ici à l'hôpital, on pensait qu'elle ne survivrait pas.[2] »

Jane reprend et explique qu'elle se trouvait dans un état de choc lorsqu'elle est arrivée à l'hôpital de Panzi : « Quand je suis arrivée à Panzi, j'étais inconsciente. J'entendais mais je ne pouvais pas parler. J'y suis restée sept ans.[3] » Denis Mukwege fait part de son impression concernant Jane : « C'est une femme qu'on a essayé de détruire physiquement, moralement, spirituellement, mais au lieu de cela, elle est capable de dire : "Nous allons vivre pour les autres."[4] » Dans la Cité de la Joie, Jane s'adresse aux autres femmes : « Nous nous aimons à cause de nos souffrances et des liens qui nous unissent. Je ne pensais pas que la Cité de la Joie verrait le jour. (…) En s'abattant sur nous, la violence a tout détruit.[5] »

Le docteur Mukwege explique la situation actuelle de Jane : « Elle n'a pas d'enfant, elle n'a pas de famille, elle n'a personne mais elle s'est toujours battue pour les autres et je crois que cette volonté, l'amour de se battre pour les autres (…) pour moi c'est le symbole de la lutte de la femme congolaise.[6] »

---

[1] GAVIN Madeleine (réal.), *op. cit.*
[2] GAVIN Madeleine (réal.), *Ibid.*
[3] GAVIN Madeleine (réal.), *Ibid.*
[4] GAVIN Madeleine (réal.), *Ibid.*
[5] GAVIN Madeleine (réal.), *Ibid.*
[6] GAVIN Madeleine (réal.), *Ibid.*

Eve Ensler fait part de ses impressions concernant Jane : « Aujourd'hui, quand Jane parlait, on sentait la force du *leadership.*[1] »

Dans ce documentaire, deux autres femmes témoignent : la première parle de son enfant issu du viol qu'elle a subi : « J'ai donné la vie à une petite fille et je la détestais. Je la regardais en repensant à mon calvaire. J'ai tenté de me suicider deux fois. J'étais malheureuse. Aujourd'hui, ma fille a huit ans. Je l'aime d'un amour inconditionnel. Je lui ai demandé pardon.[2] » L'autre femme témoigne à son tour : « J'avais si peur, mais maintenant, la peur a disparu. Je vais retourner dans mon village et apprendre aux autres à ne plus avoir peur.[3] » La femme ayant eu une fille issue d'un viol reprend, en parlant de la Cité de la Joie en ces termes : « J'ai toujours dit que je voulais rester ici, mais il faut partir pour aider les autres.[4] » Jane exprime ce qu'elle ressent après avoir été soignée et prise en charge au sein de la Fondation Panzi : « Ce que je ressens, c'est que je n'ai plus peur. À cause de ce que j'ai enduré, j'ai tellement souffert et je me rends compte que je ne suis pas toute seule. J'aurais pu me suicider pour rien. Ce sont mes sœurs, je les aime toutes [en parlant des autres patientes et du personnel féminin de la Fondation Panzi]. Je me suis acceptée moi-même. Je l'ai fait.[5] »

Christine Schuler-Deschryver fait état de la gravité de la situation des violences sexuelles perpétrées en R.D.C : « Le viol au Congo, je n'appelle plus ça du viol car pour moi c'est du terrorisme sexuel. Les femmes sont le ciment de la famille. Elles s'occupent des enfants, donnent la vie. Les

---

[1] GAVIN Madeleine (réal.), *op. cit.*
[2] GAVIN Madeleine (réal.), *Ibid.*
[3] GAVIN Madeleine (réal.), *Ibid.*
[4] GAVIN Madeleine (réal.), *Ibid.*
[5] GAVIN Madeleine (réal.), *Ibid.*

détruire, c'est détruire la communauté.[1] » Le docteur Mukwege s'alarme également de cette situation : « C'est la génération actuelle. C'est une catastrophe. L'enfant qui a vu sa mère dans une souffrance (…) créée par un homme, pensez-vous qu'il sera un enfant normal ? Respectera-t-il un jour la mère de l'autre ? Est-ce que cet enfant respectera un jour la vie humaine quand il sait qu'il est orphelin puisque son père a été tué en sa présence et que sa mère a été violée en sa présence ? (…) De respecter une autre femme ? De respecter les autres ?[2] »

Christine Schuler-Deschryver alerte les spectateurs par le biais d'une anecdote personnelle : « Une petite fille, une survivante d'un massacre, (…) a quatre ans. Je l'ai adoptée. Un jour, elle m'a dit : "Maman, tu as de la chance, tes grands pieds." Mes grands pieds ? "Oui, tu peux courir vite. Personne ne peut t'attraper." Vous voyez, le seul rêve d'une petite fille congolaise, c'est d'avoir de longues jambes pour courir, pour courir très vite, pour que personne ne puisse l'attraper.[3] »

À la fin de ce documentaire est énuméré des noms de survivantes de violences sexuelles ayant séjourné à la Fondation Panzi qui indique le succès de leur réinsertion sociale à la suite de leur prise en charge. Il est notamment précisé que : « Jane est assistante sociale et *leader* à la Cité de la Joie. 180 femmes obtiennent chaque année leur diplôme à la Cité de la Joie.[4] »

Dans le documentaire de Thierry Michel, *L'homme qui répare les femmes : La Colère d'Hippocrate*, deux témoignages portant sur la réussite de la réintégration des victimes dans la société ont été filmés. À Panzi, une femme témoigne : « Je ne savais ni lire, ni écrire. J'ai appris à lire

---

[1] GAVIN Madeleine (réal.), *op. cit.*
[2] GAVIN Madeleine (réal.), *Ibid.*
[3] GAVIN Madeleine (réal.), *Ibid.*
[4] GAVIN Madeleine (réal.), *Ibid.*

(…) Je me prépare à ma vie future. Après mes études secondaires, j'étudierai la médecine pour pouvoir moi aussi m'occuper des femmes qui ont connu les souffrances que j'ai subies. Je ne peux pas abandonner ces femmes car j'ai connu les mêmes opérations. Et si on m'avait moi aussi négligée, je ne serais pas ce que je suis aujourd'hui.[1] » Une autre femme témoigne : « quand j'étais hospitalisée, et qu'on nous apprenait à faire de la vannerie, à coudre des sacs, des tapis, moi, j'épargnais petit à petit. Ça m'a beaucoup aidée. J'ai pu réunir une somme de 300 dollars. (…) le docteur a rajouté un peu d'argent. Je dois maintenant mettre les portes, peindre la maison, mettre le crépi et peut-être aussi installer l'électricité, pour me sentir bien, comme dans le bureau du docteur Mukwege, comme à la Cité de la Joie, où c'est vraiment bien. C'est ça mon projet. Aujourd'hui, mon papa, [terme affectueux employé lorsqu'une personne plus jeune désigne ou s'adresse à une personne beaucoup plus âgée avec affection sans nécessairement qu'un lien de parenté juridique ou par le sang soit établi, ce qui est un usage dans le langage et dans la culture au Congo notamment] c'est le docteur Mukwege, car c'est lui qui a réparé ma vie. C'est lui qui m'a sauvé la vie et m'a faite telle que je suis aujourd'hui. J'ai vu que j'étais un être humain comme tous les autres, et que malgré ces problèmes, ce n'est pas la fin du monde. Tant qu'on est vivant, on peut encore faire beaucoup de choses, ici sur Terre.[2] »

Lorsque le docteur Mukwege s'est exilé en Europe à la suite de la tentative d'assassinat dont il a été victime, ses patientes qui séjournaient à la Fondation Panzi se sont cotisées, malgré leurs maigres revenus quotidiens, afin de payer son billet d'avion pour retourner à Bukavu, ce dont il

---

[1] MICHEL Thierry (réal.), *L'homme qui répare les femmes : La Colère d'Hippocrate, op. cit.*

[2] MICHEL Thierry (réal.), *op. cit.*

témoigne : « Le soir du 25 octobre, [2012] je revenais de New-York et Genève où j'étais parti défendre les droits de la femme congolaise, donc je revenais de cette longue mission, je revenais chez moi. En fait, des hommes armés m'attendaient. Ils avaient déjà pris en otage mes filles et leurs nièces. Mes enfants ont été tenus en otage pendant plus de vingt minutes par des hommes armés. (…) Ils voulaient me tuer, mais j'ai été sauvé. (…) je crois qu'au bout de trois jours ici, j'avais réalisé que c'était très difficile pour ma famille de rester dans de telles conditions. Je suis parti mais au bout de deux mois, les femmes ont commencé à écrire "Revenez, nous sommes capables de vous protéger" (…) le jour où ces femmes ont décidé de commencer à amener des tomates, des ananas, de la braise ici, pour qu'on vende le produit de leurs récoltes pour me payer un billet de retour au Congo, alors que ces femmes ont moins d'un dollar par jour pour vivre, je trouvais que c'était une force à laquelle je ne pouvais pas résister.[1] »

Le 14 janvier 2013, Christine Schuler-Deschryver fait part de cet évènement profondément touchant et symbolique : « Je n'avais jamais vu ça. Ce n'était pas organisé, c'était spontané. Même les gens de Panzi, la veille, sont venus me dire : "maman Christine, on a une requête, réserve trois bus pour nous. On veut aller à l'aéroport et ramener le docteur chez lui."[2] »

Le docteur Guy-Bernard Cadière, médecin-chef du service de chirurgie digestive à l'hôpital Saint-Pierre de Bruxelles, se trouvait dans l'avion lorsque le docteur Mukwege est rentré de son exil. Il témoigne : « Il y a eu des femmes qui se sont cotisées, des paysannes qui ont mis ensemble les légumes pour se cotiser pour lui payer son billet d'avion, donc ça, ça l'a ému, et contre toute règle de sécurité, il a décidé de revenir. (…) j'ai eu la chance de

---

[1] GAVIN Madeleine (réal.), *op. cit.*

[2] GAVIN Madeleine (réal.), *Ibid.*

rentrer avec lui et quand on a atterri ici avec le petit avion c'était tout un cinéma, la police avait sorti les grands moyens, il y avait des grands garde du corps autour de lui avec des lunettes infrarouges, enfin c'était un cinéma pas possible et puis il y avait toutes cette population qui l'a accueilli (…) et on voit des femmes, des milliers de femmes qui arrivent, en dansant, qui passent le barrage mais comme dans du beurre, et qui arrivent tout près de Denis, (…) je n'ai jamais vu une telle chaleur humaine, je n'ai jamais vu autant d'intensité. De l'aéroport à l'hôpital, il y avait des milliers et des milliers de gens, c'était une force inouïe. (…) Pour Denis, quelque part, c'était un message très fort comme quoi maintenant il était vraiment en sécurité et que c'étaient les femmes qui allaient le protéger.[1] »

Le docteur Guy-Bernard Cadière ainsi que son fils Benjamin se rendent souvent à l'hôpital de Panzi afin de soigner les femmes victimes de violences sexuelles ayant subi des mutilations graves dont notamment des fistules avec une technique chirurgicale qui est celle de la laparoscopie.[2]

À ce jour, l'hôpital de Panzi a soigné plus de 85 000 femmes victimes de violences sexuelles ou de complications liés à l'accouchement depuis sa création en 1999.[3]

En guise de récompenses pour son parcours, ses efforts, son œuvre, ses sacrifices, son militantisme et sa lutte contre les violences sexuelles, le docteur Mukwege a reçu de nombreuses distinctions et prix internationaux de prestige.

---

[1] MICHEL Thierry (réal.), *op. cit.*

[2] MUKWEGE Denis (Dr), CADIÈRE Guy-Bernard (Dr), *Réparer les femmes. Un combat contre la barbarie,* Bruxelles, éd. Mardaga, 2019.

[3] Fondation Panzi, « À propos de nous – Fondation Panzi », consulté le 1er juin 2024 à 22:40. URL : https://panzifoundation.org/fr/about-us/

Section 2 : La réception de prestigieux prix internationaux

Compte tenu de son parcours, de son combat et de son militantisme, le docteur Denis Mukwege a été lauréat de plusieurs prix internationaux et a été docteur *honoris causa* dans plusieurs universités dans le monde, y compris : « (Harvard aux USA, Edimbourg en Écosse, Louvain en Belgique, Angers en France, Manitoba au Canada, Umea en Suède). Parmi les nombreux prix [internationaux] reçus, on peut citer : le prix des Nations Unies pour les Droits de l'Homme (2008), le prix Olof Palme (2009), le prix international Roi Baudouin pour le développement (2010-2011), le prix Right Livelihood – le Nobel alternatif – en Suède en 2013, le prix Sakharov du Parlement européen – prix pour la liberté de pensée (2014), le prix de la Paix à Séoul en 2016, [et bien d'autres] mais la liste est trop longue pour les mentionner tous. Ce qui surprend chez cet homme qui vit en résidence protégée la plus grande partie de l'année, dans son hôpital de Panzi, c'est qu'il semble incarner les plus hautes aspirations de chacun. (…) [et aussi] l'Honorary Fellowship of the American College of Obstetricians and Gynecologists (…) [et le] prix Africain de l'année du Nigeria en 2009.[1] » À l'occasion de sa réception de titre de docteur *honoris causa* à l'Université de Liège en 2018, cette dernière a créé en son sein, en collaboration avec le docteur Mukwege, une chaire internationale consacrée à la violence faite aux femmes et aux filles dans les conflits.[2]

---

[1] Université de Liège, « Denis MUKWEGE — Docteur honoris causa — Rentrée académique 2018-19 », consulté le 5 mai 2024 à 22:09. URL : https://www.uliege.be/cms/c_10238494/fr/denis-mukwege-docteur-honoris-causa-rentree-academique-2018-19

[2] Université de Liège, « Premier Congrès de la Chaire internationale Mukwege », consulté le 12 mai 2024 à 19:22 :

Dans son discours lors de la remise du Prix Nobel Alternatif en 2013, Denis Mukwege dénonce et alerte le monde sur la situation catastrophique qui se produit à l'est de la R.D.C : « Depuis 15 ans, je suis témoin d'atrocités de masse commises sur le corps des femmes et contre les femmes. Je ne peux pas rester les bras croisés. Dans les zones de conflits, les batailles se passent sur le corps des femmes. Les viols se commettent avec extrême brutalité, une véritable arme de guerre (…) même une stratégie de guerre, mais qui est bon marché, redoutablement efficace. Leur corps blessé, leur cœur, brisé, et leurs esprits, détruits, avaient besoin d'être guéris, consolés et restaurés. Nous avons l'espoir, pour l'avenir de la R.D.C. l'espoir que ce grand pays devienne une nation de paix et de justice.[1] » L'année suivante, en 2014, comme évoqué précédemment, Denis Mukwege a été docteur *honoris causa* de l'Université Catholique de Louvain-la-Neuve en Belgique. À l'occasion de la remise de cette distinction, il sensibilise des étudiants aux dramatiques évènements qui se produisent en R.D.C par un discours : « L'Université (…) doit (…) rester ce lieu où l'on prépare les jeunes générations à s'indigner. S'indigner contre certaines multinationales, en complicité avec certaines autorités étatiques et locales peu scrupuleuses qui s'enrichissent au prix de la destruction de la femme (…) S'indigner, quand un peuple paisible est forcé au déplacement et à l'exil afin de laisser son territoire aux prédateurs armés qui se livrent au pillage des ressources minières (…) le coltan. S'indigner, quand ces appareils électroniques tâchés de sang que nous avons tous dans nos poches sont vendus librement sur le marché européen et mondial sans que personne ne s'en émeuve vraiment.[2] »

URL :https://www.uliege.be/cms/c_11358826/fr/premier-congres-de-la-chaire-internationale-mukwege

[1] MICHEL Thierry (réal.), *op. cit.*

[2] MICHEL Thierry (réal.), *Ibid.*

Au regard du fait que le Prix Sakharov est décerné par l'Union européenne, organisation internationale, entité *sui generis*, il paraît intéressant de savoir par quel processus le lauréat est choisi : « Le Parlement européen décerne le prix Sakharov pour la liberté de l'esprit aux personnes ou aux organisations qui luttent pour la défense des droits de l'homme et des libertés fondamentales.[1] »

Pour ce faire, un appel à candidatures se tient en juillet par au moins quarante députés européens ou un groupe politique. Ensuite, en septembre a lieu l'examen des candidatures par la Commission des Affaires étrangères (AFET), la Sous-commission des droits de l'Homme (DROI) et la Commission du développement (DEVE). En octobre, parmi la liste des personnes sélectionnées, les trois finalistes sont sélectionnés par les commissions AFET et DEVE. Le lauréat du prix est sélectionné par la conférence des présidents. Enfin, la cérémonie de remise du prix a lieu en novembre en séance plénière du Parlement européen.[2]

Quant à la sélection du prix Nobel de la paix, il revient au seul Parlement norvégien d'y procéder outre sa reconnaissance internationale.

À l'occasion du lauréat du Prix Sakharov en 2014, le docteur Mukwege ne cesse de dénoncer et d'alerter le monde sur les crimes perpétrés en R.D.C : « Comme tout être humain, je voudrais tant ne plus évoquer ces crimes odieux dont mes semblables sont victimes. (…) Il est temps de s'occuper des causes. Mais comment me taire, quand (…) nous voyons ce que même un œil de chirurgien ne peut pas s'habituer de voir ? Comment me taire, quand nous savons que ces crimes contre l'humanité sont planifiés avec

---

[1] Parlement européen, « Fonctionnement, Le Prix, Prix Sakharov, Parlement européen » consulté le 5 mai 2024 à 23:06. URL : https://www.europarl.europa.eu/sakharovprize/fr/the-prize/how-it-works

[2] Parlement européen, *Ibid.*

un mobile bassement économique ? Chaque femme violée, je l'identifie à ma femme, chaque mère violée, je l'identifie à ma mère, et chaque enfant violé, je l'identifie à mes enfants. (...) Chers compatriotes, le prix Sakharov du Parlement européen est le vôtre et il est le symbole de la liberté de penser, un droit qui nous a été retiré, un droit auquel, suite à la terreur et l'oppression, nous semblons parfois avoir renoncé. Dans le reste du monde, chacun se soulèverait d'indignation, mais dans la société congolaise (...) des atrocités de masse passent dans les actualités comme des simples faits divers où la loi des seigneurs de guerre continue à s'imposer en l'absence d'un État de droit. Notre pays est malade, mais ensemble, avec nos amis de par le monde, nous pouvons, et nous allons le soigner.[1] »

En se rendant aux États-Unis, Denis Mukwege a été invité en personne par Hillary Clinton à l'Université de Georgetown. Elle l'accueille par ses mots : « Nous honorons aujourd'hui une personnalité remarquable, le docteur Denis Mukwege. Son équipe et lui ne donnent non seulement des soins médicaux pour essayer de réparer les corps brisés [formule faisant écho au terme de *M'Bula Matadi*, terme dont le sens et l'histoire ont été développés précédemment (cf. *supra* page 39)], mais ils réhabilitent et réintègrent en essayant de réparer les cœurs et les esprits. Aucun d'entre nous ne peut mesurer ce qu'il représente non seulement pour les femmes qu'il a aidées, mais aussi pour la cause de la paix et des droits humains. Prions pour que la paix revienne dans cette région magnifique mais très troublée.[2] » Il prend ensuite la parole et enjoint le public à partager ce combat contre les violences sexuelles : « Aujourd'hui, nous devons tracer une ligne rouge et

[1] MICHEL Thierry (réal.), *op. cit.*
[2] MICHEL Thierry (réal.), *Ibid.*

refuser la violence sexuelle utilisée comme arme de guerre.[1] »

Le 9 mai 2024, lors d'une cérémonie à Los Angeles, le docteur Mukwege a été lauréat du Prix Aurora, un prix pour « l'éveil de l'humanité », pour son engagement dans la lutte contre le viol comme arme de guerre. Ce prix : « récompense tous les ans depuis 2016 une personnalité de la société civile internationale reconnue pour son engagement dans une cause humanitaire de portée mondiale. Créé (…) en mémoire et gratitude des quelques "sauveurs" du génocide des Arméniens, il est doté d'une subvention d'un million de dollars visant à permettre à son lauréat la poursuite de ses actions et encourager la continuité de ses financements.[2] »

Ne cessant de dénoncer et d'alerter sur les conséquences dévastatrices des conflits armés en R.D.C. dans le monde, le docteur Mukwege lutte inlassablement contre l'impunité que subissent les victimes de violences sexuelles.

Section 3 : Une lutte acharnée contre l'impunité

Dans son dernier livre *La force des femmes*, Denis Mukwege explique les raisons et les motivations qui le poussent dans sa lutte pour l'égalité des sexes et contre l'impunité : « Il n'est pas courant qu'un homme fasse campagne pour les droits des femmes. (…) J'ai bien vu les regards perplexes et les mimiques d'incompréhension. (…) Je défends les femmes parce qu'elles sont mes égales – parce que les droits des femmes sont les droits humains et que je constate avec rage ces violences qui leur sont

---

[1] MICHEL Thierry (réal.), *op. cit.*

[2] Le Courrier d'Erevan, « Le "Prix Aurora" 2024 contre le viol en tant qu'arme de guerre », dans *Le Courrier d'Erevan*, 13 mai 2024.

infligées. Il faut se battre tous ensemble pour les femmes. Mon rôle a toujours été de faire entendre la voix de celles dont la marginalisation les empêche de raconter leur histoire. Je me tiens à leurs côtés, jamais devant elles.[1] »

Une fois rentré à Bukavu à la suite de son exil en Europe à cause de la tentative d'assassinat dont il a été victime en souhaitant attirer l'attention de la communauté internationale sur les évènements au Congo, Denis Mukwege s'est adressé à ces femmes venues le voir et l'acclamer : « Ensemble nous disons non à la violence sexuelle. Non aux rebellions. Non aux gens qui veulent devenir ministres, devenir généraux en tuant les compatriotes. C'est nous, la population, qui devons dire non.[2] » Dans son dernier ouvrage, le docteur Mukwege poursuit : « Il faut qu'un maximum de gens participent à la lutte pour l'égalité entre les sexes. Les hommes ne devraient pas craindre l'incompréhension, ils ne devraient pas ressentir le besoin de se justifier comme moi autrefois quand ils soutiennent leurs sœurs, filles, mères, amies et autres égales humaines. Les femmes ne peuvent résoudre seules le problème des violences sexuelles ; (...) Pour réduire les violences sexuelles, il faut l'action et l'engagement de toute la pyramide de pouvoir de nos sociétés, de la base jusqu'au sommet. (...) Je ne lutte pas contre une maladie ou une défaillance anatomique, mais contre des adversaires bien plus obstinés : la discrimination, l'ignorance et l'indifférence. En quinze ans d'engagement, tous les petits pas (...) finissent par produire une avancée substantielle dans la compréhension collective des violences sexuelles. Ensemble, nous pouvons faire du XXIe siècle un siècle plus égalitaire, plus juste et plus sûr pour l'humanité.[3] »

---

[1] MUKWEGE Denis (Dr.), *op. cit.*, pp.13-15.
[2] MICHEL Thierry (réal.), *op. cit.*
[3] MUKWEGE Denis (Dr.), *op. cit.*, pp.19-20.

Une clinique juridique appartient à la Fondation Panzi. Selon le site officiel de la Fondation : « Les solides services de la clinique juridique de Panzi permettent d'obtenir justice et de clore les dossiers plus rapidement - en plus d'aider les femmes congolaises à comprendre leurs droits.[1] » Denis Mukwege ajoute : « on leur enseigne leurs droits légaux et politiques.[2] » Dans cette clinique juridique, l'avocate Maître Thérèse Kulungu explique : « À la traversée des Rwandais, après le génocide, c'est là où il y a eu beaucoup de viols, beaucoup d'exactions, de pillages (...). Les femmes avaient besoin de justice, elles avaient besoin d'accéder à la justice et c'est comme ça que nous avons implanté l'aide juridique locale dans cette île [l'île d'Idjwi dans le lac Kivu, rattachée officiellement à l'État de la R.D.C. et se situant entre la R.D.C. et le Rwanda]. Quand le docteur Mukwege est allé en exil, ces femmes réclamaient son retour parce qu'elles ont trouvé en docteur Mukwege un sauveur.[3] »

Une autre femme de l'Association de défense des intérêts des femmes (SARCAF) à Cakombé, dans le Sud-Kivu, témoigne et explique que dans le passé, à Idjwi, une femme n'héritait quasiment jamais de ses parents mais qu'à présent, grâce au docteur Mukwege, les femmes peuvent se rendre à la clinique juridique de Panzi et revendiquer leurs droits devant les juridictions et ce, gratuitement, et qu'actuellement, le droit semble évoluer en faveur des femmes. Une femme violée prise en charge par la Fondation Panzi sera suivie juridiquement afin de faire revendiquer ses droits et, par ricochets, ceux de sa famille.[4]

Dans la Cité de la Joie, Winnie Anyango, institutrice de self-défense au centre, encourage les femmes victimes de

---

[1] Fondation Panzi, « À propos de nous – Fondation Panzi », *op. cit.*

[2] MUKWEGE Denis (Dr.), *op. cit.*, p.146.

[3] MICHEL Thierry (réal.), *op. cit.*

[4] MICHEL Thierry (réal.), *Ibid.*

violences sexuelles qui sont présentes à dénoncer leurs agresseurs et leur explique que personne n'a le droit d'abuser d'elles : « Que ça soit votre père, votre oncle, votre cousin, votre frère… ou votre professeur à l'école… ou le pasteur, il n'y a aucune raison de vous taire. (…) Vous devez dénoncer ce qu'on vous a fait. Dîtes ce qui vous est arrivé pour que ça n'arrive pas aux autres.[1] »

Dans le film de Thierry Michel, le docteur Mukwege témoigne : « J'ai travaillé au bloc opératoire et j'opérais, j'opérais… ça ne finissait pas et à la fin j'ai constaté qu'il y a des femmes que j'opérais pour la deuxième voire la troisième fois et le choc était venu quand j'ai opéré pour la première fois une fille née à l'hôpital, issue du viol, qui elle-même avait été violée à l'âge de 8 ans. Là (…) j'ai compris qu'en fait, je commence à soigner les enfants nés issus du viol et que je ne veux pas me retrouver à soigner les petits-enfants. Il fallait une action et donc parler au monde, leur dire ce qui était en train de se passer dans le Kivu qui est tout à fait anormal (…) et pour faire ça, je ne pouvais pas le faire au bloc opératoire. Il fallait que je sorte du bloc, que je sorte de l'hôpital pour rencontrer les gens, leur dire, tout simplement : "Ayez du courage pour arrêter ce mal."[2] »

À un moment donné, dans ce documentaire, sont filmés le docteur Mukwege en pleine opération accompagné du docteur Cadière, en train d'opérer une patiente dont la cloison recto-vaginale a été déchirée. Le docteur Mukwege explique qu'il ne s'agit pas d'un acte isolé. Des bébés ont été violés et ont subi des actes de barbarie que l'équipe du docteur Mukwege a opéré l'année précédente, dont : « un enfant de neuf mois, un enfant de deux ans, et un enfant de 4 ans. » La petite fille qu'ils opèrent dans le documentaire ne pourra pas avoir de relations sexuelles une fois adulte à cause de sa fibrose selon le docteur Mukwege. Sur

---

[1] GAVIN Madeleine (réal.), *op. cit.*

[2] MICHEL Thierry (réal.), *op. cit.*

l'échographie, nous pouvons observer que l'estomac a été perforé. À la vue de ce terrible constat, ému, le docteur déclare : « pour cette petite fille, tous les Hommes devraient se mobiliser, c'est tout ce qu'on peut faire. Ce n'est pas possible… ce n'est pas possible…[1] » Le docteur Cadière exprime à son tour son émotion : « c'est complètement fou, c'est complètement fou…[2] » Denis Mukwege en conclut : « Ça ne peut pas changer s'il n'y a pas une mobilisation populaire.[3] »

Cette lutte contre l'impunité qui ne cesse de régner depuis des décennies en République démocratique du Congo l'a en grande partie motivé à se lancer en politique.

Section 4 : Le lancement dans la politique

Dans les années 2010, son ami et confrère Guy-Bernard Cadière avait clairement explicité sa suggestion selon laquelle le docteur Mukwege devrait s'engager politiquement : « Je pense très sincèrement que Denis a influencé les évènements. (…) Je pense que Denis est évidemment un *leader*, qui met ses compétences et son amour à la disposition d'un nombre croissant de personnes (…) Regardez comment les femmes ont, grâce à lui, pris conscience de leur force. Denis pourrait d'abord gérer le quartier, puis la ville, et pourquoi pas le pays ? Les diriger comme il dirige Panzi avec des lois justes et un esprit de communauté. (…) Je crois que c'est la condition que Denis requiert pour se lancer en politique : être sollicité par le peuple, comme il l'a été par les femmes de Panzi. Tout le Congo pourrait s'inspirer de ce mouvement au Kivu en

[1] MICHEL Thierry (réal.), *op. cit.*
[2] MICHEL Thierry (réal.), *Ibid.*
[3] MICHEL Thierry (réal.), *Ibid.*

faveur de Denis Mukwege ! Au contraire du modèle mis en place par ceux qui pillent le pays, privent les enfants d'éducation et les transforment en machine à tuer. (…) je pense que toute personne avant d'appartenir à un sexe, une nationalité ou une religion, appartient d'abord à l'humanité. Le vrai combat est la défense des valeurs humaines, des droits de l'homme et de la femme.[1] »

Le 2 octobre 2023, le docteur Mukwege a officiellement annoncé sa candidature aux élections présidentielles. Le premier tour de scrutin a eu lieu le 20 décembre de la même année. Toutefois, il se trouve que ce scrutin aurait rencontré de « graves dysfonctionnements et des irrégularités » à des fins frauduleuses, ce que le docteur Mukwege n'a pas manqué de signaler par la voie d'un communiqué de presse mentionnant ses craintes de « fraude électorale visiblement planifiée ». Comme le pressentait son ami le docteur Guy-Bernard Cadière, ce sont les femmes qui ont poussé Denis Mukwege à se porter candidat à l'élection présidentielle : « Denis Mukwege aimait faire défiler sur l'écran de son téléphone les dizaines de messages qui chaque jour lui parvenaient. Des textes et des vidéos de femmes de son pays qui, disait-il, le priaient d'être candidat à la prochaine élection présidentielle. (…) le gynécologue semblait encore hésitant quant à la suite de son chemin. On sentait chez lui à la fois l'excitation et l'anxiété. Le tiraillement entre le fantasme d'un destin de président rédempteur et la crainte d'emprunter une impasse dans un parcours jusque-là sans faute. Le (…) médecin congolais a désormais tranché. Les deux poings levés, il a traversé la foule venue l'acclamer, lundi 2 octobre à Kinshasa, pour monter sur scène. (…) "*Je me suis longtemps abstenu de répondre à cet appel, ce n'était pas à moi de m'engager*", mais désormais "*j'accepte*

---

[1] CADIÈRE Guy-Bernard (Dr.), « Face à la barbarie, le scalpel et la parole », dans *Le viol, une arme de terreur. Dans le sillage du combat du docteur Mukwege*, *op. cit.*, pp.80-81.

d'être votre candidat à la présidence de la République". (...) le médecin de 68 ans a décrit un pays "*devenu la honte du continent et la risée du monde*", aux mains d'une classe dirigeante "*corrompue*" et "*menacé par la balkanisation*". En un discours, le militant de la société civile s'est mué en opposant au chef de l'État, Félix Tshisekedi, qui brigue un second mandat lors de l'élection prévue le 20 décembre.[1] » décision qu'il aurait prise en toute discrétion selon le réalisateur Thierry Michel : « On a souvent discuté d'une éventuelle candidature, mais il ne m'avait rien dit de sa décision. Jusqu'à récemment, peu de gens étaient informés de son choix, peut-être pas même sa femme.[2] »

Néanmoins, malgré ses signalements par le communiqué de presse ainsi que sa volonté forte afin de changer les choses et faire évoluer son pays, le 31 décembre 2023, le Président sortant, Félix Tshisekedi, au pouvoir depuis janvier 2019, a été réélu Président de la République.

Compte tenu de toutes ces difficultés et ce, nonobstant l'œuvre du docteur Mukwege, *quid* de la réaction de la communauté internationale et de l'application du droit international ?

---

[1] SYLVESTRE-TREINER Anna, « Denis Mukwege, l'homme qui veut réparer la RDC » dans *Le Monde*, 3 octobre 2023.
[2] Cité par SYLVESTRE-TREINER Anna, *Ibid.*

SECONDE PARTIE

Les réponses du droit international à ces difficultés

Au regard du nombre et de l'ampleur des différentes infractions graves ayant transgressé le droit humanitaire, des réponses du droit international aux obstacles rencontrés par les victimes de violences sexuelles ont pu être appliquées (Chapitre 1) mais se sont heurtées à d'importantes limites (Chapitre 2).

Chapitre I
Le droit international en l'espèce

Compte tenu de la gravité de la situation et de l'ampleur que cette dernière prend, diverses réponses émanant du droit international ont pu être apportées comprenant les textes de droit international relatifs au cas d'espèce (Section 1), les différentes interventions de l'O.N.U. (Section 2), les différentes interventions du C.I.C.R. et d'autres O.N.G. (Section 3) ainsi que des législations adoptées et des initiatives prises dans des pays étrangers ont été mises en œuvre afin de réagir aux évènements qui se produisent en R.D.C. (Section 4).

Section 1 : Les textes internationaux relatifs au cas d'espèce

Plusieurs textes relevant du droit international humanitaire d'abord, puis relevant du droit international pénal répriment les violences sexuelles dans les conflits armés. En ce qui concerne le droit pénal international, ce dernier : « a été marqué par une criminalisation progressive des violences sexuelles commises en temps de guerre (...) [et qui] s'inscrit dans un contexte international ponctué par des mouvements sociaux pour la reconnaissance de l'égalité des sexes, le développement de la justice pénale internationale et de ses juridictions, mais aussi dans un contexte géopolitique où les civils sont devenus les principales victimes des conflits armés. (...)

« Toutes les formes de violences sexuelles commises dans un conflit armé constituent des violations du droit international humanitaire. Pourtant leur répression effective est récente : pendant longtemps, ces crimes sont apparus comme une réalité regrettable mais inévitable des conflits.

(...) [mais] le viol était déjà mentionné dans les Conventions de Genève de 1949 : "Les femmes seront spécialement protégées contre toute atteinte à leur honneur, et notamment contre le viol, la contrainte à la prostitution et tout attentat à leur pudeur" [1] »

Ce qui semble critiquable concernant les textes relevant du droit international humanitaire est que leurs limites se situent dans le fait que l'honneur des femmes priment sur leur santé physique et morale selon la terminologie employée et que ces textes ne prévoient pas de sanction en cas de commission de violences sexuelles, ce qui est mis en avant par Marine Wéry, stagiaire judiciaire au Parquet de Namur : « la terminologie qui y est employée conduit à envisager la problématique des violences sexuelles commises en temps de guerre à travers un seul angle, celui de l'honneur des femmes. Aucun système de sanction de ces violations n'est par ailleurs mis en place[2] ». Dans son article, Marine Wéry énumère un certain nombre de textes issu du droit international humanitaire qui sont les suivants, à savoir : la Convention de La Haye de 1899 concernant les lois et coutumes de la guerre sur terre et l'article 46 du Règlement concernant les lois et coutumes de la guerre sur terre annexé à la Convention de 1907 portant le même nom qui affirment de manière vague que l'honneur et les droits de la famille de la population vivant en territoire occupé doivent être protégés. Vient ensuite la Convention de Genève de 1949 sur les prisonniers de guerre qui prévoit quant à elle que : « les femmes doivent être traitées avec tous les égards dus à leur sexe ».

Marine Wéry fait part de son observation selon laquelle le terme « viol » apparaît pour la première fois à l'article 27

---

[1] MORVAN Hélène, *op. cit.*, pp.87-88.

[2] WÉRY Marine, « Violences sexuelles et droit des conflits armés : une approche féministe », dans *Revue interdisciplinaire d'études juridiques*, vol. 86, no. 1, 2021, pp. 63-90.

de la quatrième Convention de Genève de 1949 prévoyant que : « les femmes seront spécialement protégées contre toute atteinte à leur honneur, et notamment contre le viol, la contrainte à la prostitution et tout attentat à la pudeur ».

Vingt-huit ans plus tard, l'article 75 du premier Protocole additionnel de 1977 aux Conventions de Genève complète les précédents textes en prévoyant que sont prohibées : « les atteintes à la dignité de la personne, notamment les traitements inhumains et dégradants, la prostitution forcée et toute forme d'attentat à la pudeur ».

Le quatrième article du deuxième Protocole additionnel de 1977 aux Conventions de Genève est plus précis et dispose que : « sont et demeurent prohibés en tout temps et en tout lieu (...) les atteintes à la dignité de la personne, notamment (...) le viol (...) et tout attentat à la pudeur ».

Enfin, l'article 76 du premier Protocole additionnel de 1977 aux Conventions de Genève indique que : « les femmes doivent faire l'objet d'un respect particulier et seront protégées, notamment contre le viol »[1]

Ces dispositions législatives étant énumérées, Marine Wéry souligne que : « les violences sexuelles ne figurent pas parmi les violations graves du DIH, soit celles dont les Conventions de Genève imposent aux États de rechercher et poursuivre les auteurs. (...) [elles] constituent certes des violations du DIH, mais, en théorie, les États ont seulement l'obligation de faire cesser ces comportements et non de les sanctionner. Il est aujourd'hui largement admis que les violences sexuelles peuvent être considérées comme de la torture ou des traitements inhumains et constituent donc (...) des violations graves du DIH. Mais cette omission illustre à quel point les rédacteurs des Conventions de Genève se souciaient peu de ces violences et des personnes qui y sont confrontées.[2] »

---

[1] WÉRY Marine, *op. cit.*
[2] WÉRY Marine, *op. cit.*

Il semblerait que c'est notamment grâce au développement et à la mise en place effective du droit pénal international ainsi que par le biais de certaines jurisprudences rendues par les différentes juridictions internationales *ad hoc*, que la répression des violences sexuelles commises dans les conflits armés a pu être appliquée. En ce sens : « En dehors de l'obligation pour les États de poursuivre devant leurs tribunaux les individus ayant commis des infractions graves aux Conventions de Genève, c'est au travers du droit international pénal que s'organise (…) la répression des violations du DIH et des droits humains – y compris celle des violences sexuelles. La responsabilité pénale individuelle de celles et ceux qui ont enfreint le droit international peut ainsi se voir engagée pour autant que le comportement adopté soit incriminé par le statut d'une juridiction pénale internationale compétente. (…) l'ampleur et la gravité des faits commis durant le génocide rwandais et la guerre en ex-Yougoslavie, ainsi que la médiatisation dont ils ont fait l'objet, ont marqué un tournant dans la répression des violences sexuelles perpétrées en situation de conflit. Tant le Statut du (…) (TPIR[1]) que celui du (…) (TPIY[2]) ont érigé le viol en acte constitutif de crime contre l'humanité.[3] Le TPIR a également inclus "le viol, la contrainte à la prostitution et tout attentat à la pudeur" parmi les violations de l'article 3

---

[1] Mis en place par la résolution 955 du 8 novembre 1994 du Conseil de sécurité de l'O.N.U. (NOLLEZ-GOLDBACH Raphaëlle, *La Cour pénale internationale*, Paris, éd. Que-sais-je ?, 1ère édition, 2018, p.36).

[2] Créé par la résolution 827 du 25 mai 1993 du Conseil de sécurité de l'ONU, adoptée à l'unanimité qui inclut le Statut du Tribunal, précédée de la résolution 808 du 22 février 1993 qui décide de la création du Tribunal et mandate le secrétaire général pour lui soumettre un rapport sur sa mise en œuvre. (NOLLEZ-GOLDBACH Raphaëlle, *op. cit.*, p.33).

[3] Cité par WÉRY Marine, *op. cit.*, Article 5(g) du Statut du TPIY et article 3(g) du Statut du TPIR.

commun aux Conventions de Genève et du Protocole additionnel II.[1] » Toutefois : « les violences sexuelles ne figurent pas dans les articles 2 et 3 du Statut du TPIY énumérant les violations graves aux Conventions de Genève et les violations des lois et coutumes de la guerre [mais] le TPIY a néanmoins interprété l'article 3 de son Statut comme une clause destinée à couvrir les violations qui ne relèvent pas des autres articles du Statut et fixé les conditions permettant de déterminer quelles violations relèvent de cette disposition.[2] »

Les jurisprudences rendues par ces deux tribunaux pénaux internationaux *ad hoc* ont joué un rôle majeur dans la reconnaissance des violences sexuelles comme arme de guerre ainsi que leur répression : « Progressivement, le viol, qui est considéré comme une exaction commise de façon aléatoire par certains individus, va être reconnu "comme un puissant instrument de guerre, utilisé pour intimider, persécuter et terroriser l'ennemi[3]" et élevé au rang des crimes les plus graves : crimes de guerre, crimes contre l'humanité et crimes de génocide. (...) En 1998, le TPIR fut le premier tribunal à condamner un individu pour un crime international de nature sexuelle. Bourgmestre de la commune de Taba au Rwanda, Jean-Paul Akayesu a été reconnu coupable d'avoir incité au viol systématique des femmes tutsi, et condamné à la prison à vie pour incitation directe et publique à commettre le génocide.[4] » Marine Wéry ajoute et précise dans son article, notamment, que :

---

[1] Cité par WÉRY Marine, *op. cit.,* Article 4(e) du Statut du TPIR.

[2] Cité par WÉRY Marine, *op. cit.*, TPIY, Le Procureur c/ Duško Tadić, affaire n° IT-94-1-AR72, Arrêt relatif à l'appel de la Défense concernant l'exception préjudicielle d'incompétence, Chambre d'appel, 2 octobre 1995, § 89-94.

[3] Cité par MORVAN Hélène, *op. cit.*, p.88, Tribunal pénal pour l'ex-Yougoslavie, Affaires clés. Disponible sur http://www.tpiy.org/sid/10314.

[4] MORVAN Hélène, *loc. cit.*

« Dans l'affaire *Akayesu*, la première à voir une juridiction pénale internationale se prononcer sur le sujet, le TPIR a défini le viol de façon particulièrement large, considérant qu'il s'agissait de "tout acte de pénétration physique de nature sexuelle commis sur la personne d'autrui sous l'empire de la coercition"[1] » puis précise, plus loin, que dans cette affaire a été reconnu un élément majeur selon lequel : « C'est également dans l'affaire *Akayesu* qu'il a été jugé que le viol et les violences sexuelles pouvaient constituer des actes de génocide.[2] » Dans une émission de télévision consacrée au triste anniversaire des trente ans du génocide rwandais intitulée « Rwanda, trente ans après le génocide » diffusée le 3 avril 2024 sur le plateau de télévision *La Grande Librairie* animée par Augustin Trapenard, l'historienne Annette Becker, invitée sur ce plateau, explique que la transmission des infections sexuellement transmissibles et notamment le sida par le biais des viols de masse faisait partie de l'acte génocidaire. Ce qui a également été relevé par les invités de cette émission est que la diffusion de propos haineux et deshumanisants à l'égard des Tutsis par la *Radio-Télévision libre des Milles Collines* a en partie contribué à attiser la haine, qui a engendré la violence et la barbarie ayant eu pour conséquence le génocide des Tutsis par les Hutus, avec pour funeste bilan l'estimation d'un million de morts en

[1] Cité par WÉRY Marine, *op. cit.*, TPIR, Le Procureur c/ Jean-Paul Akayesu, affaire n° ICTR-96-4-T, Jugement, Chambre de première instance, 2 septembre 1998, § 688. « Il nous semble intéressant de préciser qu'au départ, le Procureur n'avait pas l'intention de poursuivre l'accusé pour des faits de violences sexuelles. C'est l'intervention de la seule femme juge au sein de la Chambre en charge de l'affaire et de groupements féministes qui a conduit à inclure des charges de viol dans l'acte d'accusation. »

[2] Cité par WÉRY Marine, *op. cit.*, TPIR, Le Procureur c/ Jean-Paul Akayesu, *op. cit.*, note 47, § 731-732.

trois mois.[1] Plus tôt dans l'Histoire mais toujours au cours du XXe siècle, le même procédé ainsi que les mêmes conséquences avaient pu être observées en Allemagne lors de la Seconde Guerre mondiale : le renfermement identitaire, la désignation d'un bouc émissaire, l'expression de la haine à travers la propagande ainsi que les propos, les caricatures et le processus de deshumanisation des Juifs ont principalement contribué à la barbarie nazie qui a engendré pour conséquence, un bilan s'élevant à six millions de morts dans des conditions épouvantables. Les Juifs étaient comparés à des rats et les Tutsis à des cafards, c'est-à-dire des êtres considérés comme essentiellement nuisibles et parasitaires. Concernant les viols et violences sexuelles dans les conflits armés, parfois, ce sont des groupes de soldats qui commettent ces crimes, conséquence négative de l'esprit grégaire de l'être humain. Il y aurait peut-être un déterminisme universel dans le cadre des éléments englobant le crime de génocide. Étant donné qu'au cours du génocide rwandais les viols commis massivement de manière systématique ont été reconnus comme constituant des actes de génocide, ce même phénomène se produit en R.D.C, car les anciens génocidaires venus se réfugier à l'est du Congo, ainsi que les groupes rebelles, commettent des actes qu'ils pratiquaient pendant le génocide au Rwanda en 1994. Dès 1996, ils ont importé ces pratiques criminelles et barbares sur les femmes congolaises afin, comme dit précédemment, de briser le tissu social, terroriser et soumettre la population afin de contrôler et voler les richesses ainsi que les ressources du sous-sol congolais notamment.

---

[1] La Grande Librairie, « Émission spéciale : Rwanda, trente ans après le génocide. », présentée par Augustin Trapenard, diffusée le 7 avril 2024 sur « France 5 ». URL : https://www.france.tv/france-5/la-grande-librairie/saison-16/5803242-emission-speciale-rwanda-30-ans-apres-le-genocide.html

Aussi, ce que l'on peut tirer comme enseignement dans ces évènements extrêmes est que l'identité nationale ou l'appartenance ethnique est fondamentale : nous nous y raccrochons comme réflexe de sécurité, voire, parfois, de survie. Dans les moments de vives tensions voire de conflits, les identités refont surface : le rattachement à une communauté ou à un groupe partageant cette même identité émerge de nouveau et devient un moyen de survie collectif, ce que nous ont démontré les conflits armés dans l'Histoire et dans le monde, mais d'autant plus les génocides perpétrés au cours de ce XXe siècle. L'identité est par essence un socle. Si cette dernière est menacée, les tensions montent et l'une des conséquences de ces tensions est la violence, dont le taux de gravité peut vite devenir incontrôlable. Cela peut partir d'une injure verbale à des massacres commis avec des actes barbares, ce qui prouve que rien ne garantit la paix absolue : un territoire apaisé à un moment donné peut basculer dans la violence et la guerre civile plus tard. Il faut donc rester vigilant et être conscient des éléments déclencheurs de la violence dans toute sa généralité.

Par la suite dans l'Histoire, afin de ne pas multiplier les tribunaux internationaux *ad hoc* traduisant par la même une : « nécessité d'établir une juridiction pénale permanente (...) La conférence diplomatique des Nations Unies sur la création d'une Cour pénale internationale se tient à Rome à partir du 15 juin 1998. Les négociations sur le statut de la Cour s'y poursuivent durant un mois et aboutissent à l'adoption le 17 juillet 1998 du traité portant création de la CPI et contenant son Statut. On parle ainsi couramment du Traité de Rome et du Statut de Rome.[1] » Dans son Statut, la Cour pénale internationale prévoit de manière explicite plusieurs formes de violences sexuelles constitutives de crimes de guerre et de crimes contre

[1] NOLLEZ-GOLDBACH Raphaëlle, *La Cour pénale internationale*, Paris, éd. Que-sais-je ?, 1ère édition, 2018, pp.39-40.

l'humanité telles que le viol, l'esclavage sexuel, la prostitution forcée, la grossesse forcée, la stérilisation forcée ou toute autre forme de violence sexuelle de gravité comparable.[1] Certaines affaires ont été rendues par la C.P.I dans le contexte congolais mais cette Cour rencontre plusieurs et diverses limites (cf. *infra* page 184).

Afin de répondre à ces difficultés, l'O.N.U. a mis en place des missions spéciales au regard de l'ampleur et de la gravité de la situation en R.D.C.

Section 2 : Les différentes interventions de l'O.N.U.

Dans son film documentaire *L'Empire du silence* réalisé par Thierry Michel, ce dernier explique que lors de son arrivée au pouvoir, Laurent-Désiré Kabila a très tôt suscité la méfiance de la communauté internationale au regard des dispositions anti-démocratiques qu'il a prises nonobstant le nouveau nom qu'il a donné en 1997 au Congo : « en fait de démocratie, Kabila commence par ajourner les élections et interdire les partis politiques. (…) J'assiste au Congo à cette étrange victoire bâtie sur la violence, le crime et l'impunité. Les Nations Unies d'ailleurs ne sont pas dupes et demandent des comptes au nouveau Président.[2] » Scott Campbell, Chef unité des Droits de l'Homme R.D.C. aux Nations Unies de 2011 à 2014, témoigne à ce propos que : « Le secrétaire général a mandaté une équipe d'enquêteurs dirigée par des experts internationaux et dotée de toutes les capacités d'enquête. Ils (…) ont tenté de se déployer dans diverses régions du pays pour enquêter sur ces accusations. Laurent-Désiré Kabila ne voulait pas que cette équipe réussisse dans son enquête. L'équipe a été harcelée,

---

[1] Article 7 §1 g) ; Article 8 §2 b) xxii et Article 8 §2 e) vi du Statut de Rome.

[2] MICHEL Thierry (réal.), *L'Empire du silence*, *op. cit.*

intimidée sur le terrain et après dix mois (…) à essayer d'enquêter, ils ont fait leurs bagages et ont quitté le pays et ont soumis leur rapport au Secrétaire général, qui, à son tour, l'a soumis au Conseil de sécurité.[1] » Federico Borello, coordinateur de l'Équipe Mapping aux Nations Unies 2008-2009 explique, à propos des viols commis lors de la deuxième guerre du Congo (officiellement, du 2 août 1998 au 18 juillet 2003), que : « La violence était plus répandue lors de la deuxième guerre que lors de la première même si le nombre de civils tués était le même, mais l'utilisation du viol comme arme de guerre est malheureusement devenue très répandue. Vous savez, nous avons listé des viols en masse, des incendies de villages entiers, toutes sortes de massacres que vous ne pouvez imaginer.[2] »

Thierry Michel reprend : « En 2001 (…) les Nations Unies (…) décident de déployer une mission sur place. Il s'agit de protéger à tout prix les populations civiles. 18 000 casques bleus sont envoyés au Congo dans ce qui va devenir la plus grande et la plus coûteuse des opérations de maintien de la paix de l'Histoire. Des enquêteurs des Nations Unies débarquent aussi au Congo. Ils engagent leurs premières investigations sur le terrain dans la région de l'Ituri.[3] » En effet, cette mission s'est opérée dans le cadre de la M.O.N.U.C : « La Mission de l'Organisation des Nations Unies en République démocratique du Congo (…) fut créée par la résolution du Conseil de sécurité n°1279 du 30 novembre 1999, afin d'élaborer des plans en vue de l'observation du cessez-le-feu de Lusaka signé en juillet 1999 entre la République démocratique du Congo (…) et cinq États de la région (Angola, Namibie, Ouganda, Rwanda et Zimbabwe), (…) du désengagement des forces, et de maintenir la liaison avec toutes les parties à l'accord.

---

[1] MICHEL Thierry (réal.), *op. cit.*
[2] MICHEL Thierry (réal.), *Ibid.*
[3] MICHEL Thierry (réal.), *Ibid.*

Par une série de résolutions ultérieures, le Conseil étendra le mandat de la MONUC au contrôle de l'application de l'accord de cessez-le-feu et lui attribuera plusieurs autres tâches connexes.[1] » Onze ans plus tard : « Tenant compte de l'entrée du pays dans la nouvelle ère, le 1er juillet 2010, par la résolution 1925 (2010), le Conseil de sécurité change la MONUC en MONUSCO "Mission de l'Organisation des Nations Unies pour la Stabilisation en République démocratique du Congo" (...) La nouvelle Mission avait été autorisée à utiliser tous les moyens nécessaires pour s'acquitter de son mandat, à savoir notamment : garantir la protection des civils, du personnel humanitaire et des défenseurs des droits de l'homme exposés à une menace de violences physiques, et aider le gouvernement de la RDC à stabiliser et à consolider la paix.[2] »

Dans le cadre de la mission de la MONUC, Sonia Bakar, Unité Droits de l'Homme R.D.C aux Nations Unies de 2002 à 2003 raconte des faits d'atrocités dont les acteurs de cette mission onusienne ont été témoins : « Il y a eu une attaque sur un village avec des tueries, des viols, des pillages *et cetera* et on a pu parler avec à peu près cinq-cents personnes qui étaient dans des camps et pour nous c'était clair : cette tuerie massive de civils mais aussi ce à quoi on ne s'attendait pas c'étaient des cas de cannibalisme [cf. *supra* page 55]. On a vu des enfants avec des bras coupés, on a vu des gens avec des séquelles, on a écouté des histoires, on nous a donné des photos de têtes coupées, des montagnes de têtes coupées, le niveau d'horreur est incroyable.[3] » Thierry Michel complète les faits relatés par Sonia

---

[1] Nations-Unies, « Historique / MONUSCO », consulté le 14 mai 2024. URL : https://monusco.unmissions.org/historique#:~:text=La%20Mission%20de%20l'Organisation,d%C3%A9mocratique%20du%20Congo%20(RDC)%20et

[2] Nations-Unies, *op. cit.*

[3] MICHEL Thierry (réal.), *op. cit.*

Bakar par ces mots : « Les troupes d'un des nombreux groupes rebelles, le Mouvement pour la Libération du Congo, sont accusés d'avoir perpétré ces massacres. À leur tête, un richissime homme d'affaires : Jean-Pierre Bemba.[1] » qui sera déclaré coupable de deux chefs de crimes contre l'humanité (meurtres et viols) et trois chefs de crimes de guerre (meurtres, viols, pillages) en première instance par la Cour pénale internationale le 21 mars 2016 mais qui, deux ans plus tard, sera acquitté le 8 juin 2018 par la Chambre d'appel de la C.P.I. car cette dernière a estimé que Jean-Pierre Bemba n'était pas, au sens de l'article 28 du Statut de Rome, pénalement responsable des crimes commis pendant l'opération du Mouvement de Libération du Congo lors de l'opération menée à la frontière entre la R.D.C. et la République centrafricaine, et a estimé que la Chambre de première instance avait commis des erreurs graves en constatant que Jean-Pierre Bemba n'avait pas pris toutes les mesures nécessaires et raisonnables pour empêcher ou réprimer les crimes des troupes du M.L.C. et a conclu, à la majorité, que la Chambre de première instance avait condamné à tort Jean-Pierre Bemba pour des actes criminels spécifiques qui étaient en dehors de la portée de l'affaire et que les procédures relatives à ces actes devaient être interrompues.[2]

Dans son film documentaire, Thierry Michel explique la manière dont le Rapport Mapping, document crucial dans le cadre des exactions commises en R.D.C. a vu le jour : « En 2008, alors que les témoignages et les rapports s'accumulent faisant état d'atrocités à grande échelle au Congo, le Conseil de sécurité mandate une équipe pour enquêter sur place. Trente-cinq experts (…) sont envoyés sur le terrain : ils doivent dresser la carte des massacres de

---

[1] MICHEL Thierry (réal.), *Ibid.*

[2] C.P.I, Le Procureur c. Jean-Pierre Bemba Gombo, ICC-01/05-01/08, Arrêt, Chambre d'appel, 8 juin 2018.

masse. Leur mandat leur permet d'enquêter uniquement sur les crimes commis pendant une période de dix ans, de 1993 à 2003. Le résultat de cette mission d'inventaire porte un nom : le Rapport Mapping.[1] » (cf. *supra* page 88) Scott Campbell explique que : « Ce qui était très important dans le Rapport Mapping, c'est que c'était le premier effort des Nations Unies de documenter et de raconter l'histoire de la souffrance de millions de Congolais et d'essayer ainsi de mettre fin aux cycles interminables de violences et d'impunités, que nous avons connus depuis le début du Congo.[2] »

Dans le cadre de la mission de la MONUSCO, le groupe armé des F.D.L.R. a été désarmé. Thierry Michel, dans son autre film documentaire réalisé sur le Congo *L'homme qui répare les femmes : La Colère d'Hippocrate* relate les faits suivants : « Fin 2013, la plus importante des milices [hutues] soutenue par le Rwanda est défaite par une opération militaire par les forces armées congolaises et les casques bleus des Nations Unies. Elles sont repoussées vers le Rwanda et l'Ouganda [et poursuit, en filmant dans le territoire de Mwenga, dans le Sud-Kivu, que] dans les montagnes peu accessibles du Kivu, dans ces villages (...) qu'ils ont tant terrorisés, plusieurs autres groupes armés, craignant la justice internationale, acceptent la reddition. Exigeant l'amnistie et refusant être renvoyés au Rwanda, des miliciens Hutus, parmi lesquels des auteurs du génocide de 1994, sortent de la forêt pour rendre leurs armes sous l'égide des Nations Unies.[3] » Le discours tenu par le porte-parole des F.D.L.R. à propos de ce désarmement a été filmé : « Les Forces démocratiques de libérations du Rwanda, les F.D.L.R, sont déterminés irréversiblement à

---

[1] MICHEL Thierry (réal.), *op. cit.*

[2] MICHEL Thierry (réal.), *Ibid.*

[3] MICHEL Thierry (réal.), *L'homme qui répare les femmes : La Colère d'Hippocrate*, *op. cit.*

contribuer au retour de la liberté à l'est de la République démocratique du Congo. Les F.D.L.R. ont unilatéralement pris l'engagement de déposer les armes pour mener exclusivement un combat politique. Les F.D.L.R. remettent aujourd'hui à la SADC[1] 83 armes (...) 83 combattants désarmés aussi longtemps que les conditions de prise en charge et sécurité ainsi que celle de toute la population civile réfugiée rwandaise en R.D.C. sont garanties. Vive la paix dans la région des Grands Lacs africain.[2] »

Le Gouverneur provincial du Sud-Kivu, Marcellin Cishambo prend la parole en expliquant son désir de paix et ce, notamment dans sa province : « Cette opération de désarmement volontaire se passe vingt ans après l'entrée des populations rwandaises en République démocratique du Congo (...) Nous leur recommandons vivement d'encourager ceux des leurs qui sont encore dans le maquis à imiter leur geste d'aujourd'hui en quittant les forêts et les montagnes de la R.D.C. La communauté internationale souhaiterait qu'on autorise, qu'on leur fasse la guerre, mais moi j'ai peur parce-que quand je vois la population (...) autour de moi ici, je ne sais pas faire la différence entre eux et les miens, alors quand on viendrait leur faire la guerre, comment on ferait la distinction entre eux et les miens ? Nous sommes devenus la capitale mondiale du viol à cause de cette guerre, (...) on est fatigués, on voudrait voir parler de paix et de développement et arrêter de parler tout le temps de femmes violées ou de populations déplacées, le reste, qu'on nous laisse vivre en paix aussi.[3] »

Il se trouve néanmoins que malgré les efforts, les interventions et les prises d'initiative de la communauté internationale, les différentes interventions de l'O.N.U. en

---

[1] Communauté de développement de l'Afrique australe (S.A.D.C.)
[2] MICHEL Thierry (réal.), *op. cit.*
[3] MICHEL Thierry (réal.), *Ibid.*

l'espèce se sont heurtées à des limites conduisant à une impunité sur l'échelle internationale (cf. *infra* page 175).

Au regard de la gravité de la situation, le Comité International de la Croix-Rouge ainsi que diverses organisations non gouvernementales sont intervenus en R.D.C.

Section 3 : Les différentes interventions du C.I.C.R. et d'autres O.N.G.

En tant qu'organisation non gouvernementale humanitaire de droit international public par excellence, le Comité international de la Croix-Rouge a joué un rôle important en guise de réponse aux difficultés rencontrées par les victimes en leur apportant des soins ainsi qu'une certaine réinsertion dans la société à cause de la stigmatisation dont elles sont victimes à la suite des violences sexuelles qu'elles ont subies. Récemment, le C.I.C.R. a pris en charge Honorine (nom d'emprunt) qui représente un cas « typique » des femmes violées à l'est de la R.D.C. Elle a été violée par deux hommes armés en 2016 à Sange, village réputé pour son taux de criminalité comprenant des violences sexuelles, dans la province du Sud-Kivu. Elle a été victime de stigmatisation sociale en plus de souffrir physiquement et psychologiquement, conséquences des violences sexuelles subies. Par la suite : « Peu de temps après les faits, Honorine a la chance de rencontrer les membres de Sopadi, une organisation locale soutenue par le CICR qui vient en aide aux victimes de violences sexuelles. [1] » et explique que le personnel de cette

---

[1] C.I.C.R, « RD Congo : du désespoir à la résilience, l'exceptionnelle reconstruction d'Honorine », article publié le 9 mars 2021, consulté le 14 mai 2024 à 16:15. URL : https://www.icrc.org/fr/document/congo-violences-sexuelles-resilience-honorine-se-

organisation locale du C.I.C.R. l'a aidée quant à sa prise en charge : « Ces femmes m'ont reçue et écoutée. Et puis elles m'ont orientée vers un hôpital. Sans elles, je ne m'en serais pas sortie aussi bien.[1] » En plus d'avoir reçu des soins médicaux, le C.I.C.R. a accordé une aide financière à Honorine dans le cadre d'un programme de soutien économique aux survivantes des violences sexuelles. Honorine témoigne : « J'ai eu la possibilité de faire des affaires, et avec les profits, j'ai remboursé mon emprunt, ce qui m'a permis d'obtenir d'autres crédits. Ma vie actuelle avec tous mes biens, c'est grâce aux femmes de Sopadi et à cette aide financière du CICR.[2] » Au même titre que la Fondation Panzi créée par le docteur Mukwege, le C.I.C.R. a également contribué aux soins apportés aux victimes de violences sexuelles ainsi qu'à leur réinsertion sociale grâce à des assistances financières qui leur sont accordées. En ce sens, selon Sarah Khenati, responsable du programme de lutte contre les violences sexuelles de C.I.C.R. en République démocratique du Congo explique que : « La stigmatisation dont souffrent les victimes de ces violences vient se rajouter au traumatisme vécu. (…) Notre rôle au CICR est d'apporter une réponse médicale et psychosociale aux survivantes, mais aussi de les accompagner dans leur réinsertion sociale et économique. Au bout du compte, il s'agit de leur redonner confiance, une place dans la société et leur dignité.[3] » Une agente psychosociale de Sopadi nommée Rukiya Sadiki, parle d'Honorine en ces termes : « Elle s'est donnée de la force et du courage pour reprendre le cours de sa vie. Elle est un modèle pour les femmes qui

---

reconstruit#:~:text=En%202020%2C%20le%20CICR%20a,de%20violences%20sexuelles%20en%20RDC.&text=Nom%20d'emprunt-,Victime%20de%20viol%20il%20y%20a%20cinq%20ans%20%C3%A0%20Sange,son%20restaurant%20et%20son%20%C3%A9picerie.

[1] C.I.C.R, *Ibid.*

[2] C.I.C.R, *Ibid.*

[3] C.I.C.R, *Ibid.*

ont perdu tout espoir et qui pensent qu'elles sont indignes et s'isolent. Son cas montre qu'il peut en être autrement.[1] » Cet article du C.I.C.R. mentionne le fait suivant : « En 2020, le CICR a offert une réponse médicale et psychosociale à 3 710 victimes de violences sexuelles en RDC. (…) [le cas d'Honorine] est un exemple pour d'autres survivantes de violences sexuelles.[2] » La force et le courage dont font preuve les survivantes des violences sexuelles observés par le personnel du C.I.C.R. ont été mis en avant à travers le titre évocateur de l'ouvrage du docteur Mukwege *La force des femmes*.

D'autres articles publiés par le C.I.C.R. relatent le rejet et la stigmatisation sociale que subissent les victimes de violences sexuelles à l'est de la R.D.C. et expliquent l'aide apportée par le Comité. Tel est, par exemple, le cas de Pascaline qui a vu sa vie basculer le jour où elle a été violée par des hommes armés à l'est de la République démocratique du Congo, ce qui a engendré son rejet par son mari et l'ensemble de la communauté, mais : « Avec l'aide d'une conseillère locale, Pascaline et son mari sont parvenus à surmonter le drame et s'emploient aujourd'hui à bâtir un avenir ensemble. Rejetés par leurs familles et le reste de la communauté, et privés de l'essentiel de leurs moyens de subsistance, ils doivent néanmoins se battre pour s'en sortir.[3] »

Dans un article plus récent, le C.I.C.R. a publié plusieurs témoignages de la stigmatisation sociale que subissent les victimes. Diane Ndjangusi, psychologue au C.I.C.R. en R.D.C. explique dans cet article les conséquences

---

[1] C.I.C.R, *op. cit.*

[2] C.I.C.R, *Ibid.*

[3] C.I.C.R, « Violences sexuelles en RDC : le témoignage de Pascaline », publié le 8 mars 2016, consulté le 17 mai 2024 à 16:05. URL : https://www.icrc.org/fr/document/journee-internationale-de-la-femme-rdc-violence-sexuelle

psychologiques de ce phénomène de manière globale que sont comprenant principalement le sentiment de honte pouvant conduire à l'isolement ce qui aggrave davantage leur santé mentale ce qui peut les mener à une dépression sévère si elles ne sont pas prises en charge[1]. Dans cet article, le Comité International de la Croix Rouge mentionne les réponses apportées par leur O.N.G. qui sont les suivantes : « le CICR soutient des centres de santé pour faciliter la prise en charge psychosociale des survivantes. Nous offrons également un soutien socio-économique visant à la réintégration sociale. Enfin, nous portons à l'attention des porteurs d'armes leur obligation de respecter le droit international humanitaire, qui considère le viol et les violences sexuelles comme des crimes graves [et dresse les bilans suivants selon lesquels] Entre janvier et mars 2023, dans les structures de santé soutenues par le CICR en Ituri, au Maniema, au Nord-Kivu et au Sud-Kivu : 319 survivantes ont été accueillies par les assistants psychosociaux dans un délai inférieur à 72 heures après l'agression et 317 ont bénéficié d'un kit post-viol. 19 survivantes accueillies hors délai [c'est-à-dire en dehors du délai de 72 heures] (…) ont été soutenues financièrement pour une prise en charge médicale. 9 survivantes ont reçu une assistance en espèces pour répondre à leurs besoins les plus urgents. 216 survivantes ont bénéficié d'un soutien financier pour la mise en place d'activités génératrices de revenus.[2] »

Outre le C.I.C.R, d'autres O.N.G. participent activement en guise de réponses aux difficultés rencontrées par les

[1] C.I.C.R, « Violences sexuelles en RD Congo : après le traumatisme vient la stigmatisation », publié le 19 juin 2023, consulté le 17 mai 2024 à 16:39. URL : https://www.icrc.org/fr/document/violences-sexuelles-en-rd-congo-apres-le-traumatisme-vient-la-stigmatisation
[2] C.I.C.R, *op. cit.*

victimes de violences sexuelles en R.D.C. Par exemple, le mouvement mondial V-Day (*Vagina Day* – le jour du vagin -), fondé par Eve Ensler, est devenu une O.N.G. À travers ce mouvement mondial, Eve Ensler milite activement depuis plus de vingt-cinq ans contre les violences envers les filles et les femmes dû notamment au fait qu'elle a été régulièrement violée et abusée sexuellement par son père lorsqu'elle était une petite fille. Grâce à sa pièce intitulée *Les Monologues du vagin*, traduite en plus de quarante-huit langues et jouée dans plus de 140 pays dans le monde, Eve Ensler a lancé le V-Day, un mouvement global qui a levé plus de cent millions de dollars pour aider à éradiquer les violences envers filles et femmes. Avec les fonds de cette O.N.G, Eve Ensler a aidé à financer la Cité de la Joie, centre appartenant à la Fondation Panzi, dont elle est la co-fondatrice.[1]

Invitée sur Europe 1 le 5 janvier 2020, Eve Ensler en parle en ces termes : « en aimant ces femmes, on leur apporte la sécurité, la confiance en soi, la sûreté dont elles ont besoin pour avancer dans le monde. Et je crois que c'est l'un des plus beaux programmes que je n'ai jamais vus. Ça dure six mois, les femmes sont (…) nourries, on leur offre une thérapie. Elles apprennent leurs droits, l'autodéfense. Elles sont choyées et nourries avec du théâtre, des chants, des danses (…) Pendant ces six mois, les femmes apprennent à transformer leur douleur en pouvoir. 1 300 femmes ont déjà suivi ce programme, elles sont devenues *leaders* dans leurs communautés (…). On a aussi une ferme fantastique où des femmes vont apprendre la permaculture après avoir fini leur programme, comme ça elles repartiront

---

[1] LARMOYER Sophie, édité par LANNUZEL Margaux, « Violences faites aux femmes : “Les lois doivent changer”, estime Eve Ensler, auteure des “Monologues du Vagin” », dans *Europe 1*, 5 janvier 2020.

chez elles en apportant ces nouvelles techniques de culture.[1] »

Dans le même esprit qu'Eve Ensler mais d'une manière différente, Céline Bardet, juriste française et enquêtrice criminelle internationale, a fondé en 2014 l'O.N.G. We are not weapons of war (WWoW, Nous ne sommes pas des armes de guerre) : « première au monde à s'occuper des viols de guerre. (…) "je me suis rendue compte qu'il y avait une méconnaissance de la stratégie du viol de guerre dans les conflits. Je me suis interrogée sur un système à mettre en place pour mieux préserver les éléments de preuves, et pour permettre à ces personnes de continuer leur vie." Elle collabore notamment avec (…) Denis Mukwege (…) "Il a créé un système holistique. (…) Il a compris qu'il fallait faire tout en même temps, et au rythme qu'elles peuvent tenir. (…)" En 2018 WWoW crée un outil numérique de grande importance, Back Up. : "une application mobile sécurisée qui permet aux victimes de se signaler de n'importe où, et ensuite nous allons les chercher et on s'occupe de tout. Ce système permet aussi aux victimes de témoigner et de prendre des photos de leurs blessures"[2] » Dans une interview accordée au magazine *Télérama* en mars 2024, Céline Bardet répond à la question posée sur l'impunité des crimes de violences sexuelles qui constitueraient une fatalité en mettant en avant les limites du droit pénal international et en expliquant sa démarche à travers l'application BackUp qui permet de répondre aux difficultés rencontrées par les victimes : « Elle n'est pas totale contrairement à ce qu'on peut croire. Sur 161 affaires jugées par le Tribunal pénal pour l'ex-Yougoslavie (T.P.I.Y.), où j'ai commencé ma carrière, 50 concernaient des violences sexuelles. Dans les affaires sur le Rwanda, le

[1] LARMOYER Sophie, édité par LANNUZEL Margaux, *op. cit.*

[2] France Culture, « Je ne suis pas une arme de guerre, et vous ? » dans *France Culture*, le 28 octobre 2022.

viol a été considéré comme un élément constitutif du crime de génocide. (...) Mais la collecte de la parole, l'identification des victimes et des auteurs, la sécurisation des témoignages et des preuves sont très difficiles. C'est pourquoi nous avons créé BackUp, outil développé avec des survivantes, testé depuis 2019. C'est un lien accessible depuis un smartphone ou un ordinateur dans un webcafé (...) qui ouvre une application mais dont les renseignements disparaissent une fois envoyés et stockés sur un cloud sécurisé. Les victimes peuvent s'y signaler, entrer des photos, des récits, des éléments de preuve. Les données sont ensuite analysées par WWoW, dans un back-office qui recourt à l'intelligence artificielle pour vérifier des éléments de contexte (...) et implique des analystes judiciaires. Des partenaires locaux, des réseaux de survivantes nous aident à faire connaître BackUp sur les territoires, notamment quand on ne peut pas y aller. Ainsi, nous avons reçu des signalements d'Ukrainiennes dans les zones d'occupation russe. (...) Il faut absolument mettre la lumière sur les crimes sexuels de guerre, intégrer que ces violences sont quasi systématiques dans les conflits, et que ce ne sont pas des crimes de second ordre.[1] » Lorsqu'elle est interrogée sur le fait de savoir si les femmes sont des victimes collatérales dans les conflits ou des armes de guerre, elle répond que : « Dans les conflits récents – Bosnie, Rwanda, Ukraine, Israël-Hamas – elles sont devenues une arme, comme la torture, les modes d'exécution ou les pillages. Elles sont systématisées, ce ne sont pas des accidents. Elles existaient sans doute aussi avant (...) La première fois qu'on en a vraiment parlé, c'était après les "camps de viol" en Bosnie, où des Serbes violaient des musulmanes afin de purifier la race dans le

[1] BÉNABENT Juliette, « Céline Bardet, de l'ONG WWoW : "Le viol de guerre est une arme à déflagration multiple" », dans *Télérama*, le 12 mars 2024, mis à jour le 13 mars 2024.

cadre du nettoyage ethnique. Cela a été qualifié de crime contre l'humanité par le TPIY. (…) au Rwanda, la ministre de la Santé, une femme, orchestrait des campagnes de viol des femmes tutsies avant de les tuer, comme stratégie d'humiliation (…). Le viol de guerre est une arme à déflagration multiple car elle touche les victimes, les témoins – les viols sont souvent publics –, évidemment les époux et les familles, les enfants issus de ces viols.[1] » puis, répond à la question de savoir si sur le terrain, la prise de conscience en général progressait concernant les violences sexuelles commises dans les conflits armés, ce à quoi elle répond que selon elle, il y a : « Trop peu de changements. Il y a des besoins de soins psychologiques, de chirurgies parfois lourdes, de suivi juridique, médical à long terme dans des pays où il n'y a souvent pas d'État de droit et où les femmes sont déjà en situation de survie économique et sociale. Le problème (…) [est] d'avoir des moyens : nous sommes la seule ONG au monde entièrement consacrée au sujet, et notre budget ne dépasse pas 400 000 euros par an (venus du ministère des Affaires étrangères, de l'Agence française du développement, de la duchesse du Luxembourg). Il nous faut convaincre les États d'accompagner les sociétés civiles, d'appuyer la justice, avec des ressources (…) Je réclame aussi depuis longtemps des moyens pour réaliser une étude mondiale sur le viol de guerre, mesurer son ampleur sur le terrain, recenser et évaluer les réponses mises en place par les États. (…) La singularité de la violence sexuelle, (…) c'est que les victimes ne sont pas crues, elles sont toujours mises en doute. Il faut que cette prise de conscience infuse dans toutes les sociétés (…) Le viol, c'est une prise de pouvoir, et le viol de guerre est le symptôme d'une maladie systémique, sociétale, institutionnelle à tous niveaux.[2] »

---

[1] BÉNABENT Juliette, *op. cit.*
[2] BÉNABENT Juliette, *op. cit.*

Une autre O.N.G. assez célèbre, sur le même rang que le C.I.C.R, Médecins Sans Frontières participe activement au même titre que le C.I.C.R. à la prise en charge des victimes de violences sexuelles en R.D.C : « Les équipes de Médecins Sans Frontières mettent en œuvre un large éventail de soins : consultations, hospitalisations, interventions chirurgicales, soins psychologiques, soins médico-nutritionnels etc. dans des contextes d'urgence ou de difficultés d'accès aux soins.[1] » Une équipe de Médecins sans Frontières avait amené Wamuzila à la clinique de Panzi (cf. *supra* page 68). En 2021, l'O.N.G. a dressé le constat selon lequel : « Face à l'ampleur et à l'impact des violences sexuelles en République démocratique du Congo (RDC), Médecins Sans Frontières (MSF) appelle les autorités congolaises et leurs partenaires à agir dès maintenant et à la hauteur des besoins médicaux, juridiques et socio-économiques que nous observons.[2] » Le site officiel de Médecins sans Frontières relate que : « Salamabila est une ville de 71 000 habitants, située dans la région minière de la province du Maniema (…) La prévalence des violences sexuelles y est alarmante : en moyenne, MSF accueille 120 à 150 patients chaque mois dans les structures sanitaires du Ministère de la Santé que l'organisation appuie ; 221 personnes sont venues en consultation au cours du seul mois de mars 2021. (…) En plus de sensibiliser à cet énorme problème social, les agents

---

[1] Médecins sans Frontières, « Prise en charge des victimes de violences sexuelles ». URL : https://www.msf.fr/activite/prise-en-charge-des-victimes-de-violences-sexuelles consulté le 17 mai 2024 à 19:33.

[2] Médecins sans Frontières, « Il faut tout un village : l'urgence d'une approche globale pour accompagner les survivantes de violences sexuelles en République démocratique du Congo. » publié le 15 juillet 2021, mis à jour le 3 mai 2023, consulté le 17 mai 2024 à 20:15. URL : https://www.medecinssansfrontieres.ca/il-faut-tout-un-village-lurgence-dune-approche-globale-pour-accompagner-les-survivantes-de-violences-sexuelles-en-republique-democratique-du-congo/

de santé sont prêts à prodiguer les premiers soins essentiels dans les 72 heures suivant les violences. Avec des soins et des médicaments appropriés, il est possible d'éviter les infections sexuellement transmissibles et autres ainsi que les grossesses non désirées. (...) En 2020, le personnel médical et de santé mentale de MSF a accompagné 10 810 survivants de violences sexuelles dans 22 projets gérés par l'organisation en RDC. Parmi les personnes assistées, 98% étaient des femmes et 62% ont demandé de l'aide dans les 72 premières heures (…) Face à l'urgence médicale que constituent les violences sexuelles, MSF appelle tous les acteurs – bailleurs de fonds, autorités nationales et régionales, organisations non-gouvernementales – d'augmenter d'avantage l'assistance médicale de qualité et gratuite incluant une prise en charge médicale et psychologique complète. (…) il est essentiel de renforcer les activités de prévention, y compris celles portant sur l'intimidation et les risques de représailles à l'encontre des survivantes. L'accès à des services de protection et/ou juridiques doit faire partie du programme de prise en charge. (…) des activités de soutien socio-économique et de réintégration efficaces et durables doivent y être intégrées pour soutenir les survivantes confrontées à l'exclusion sociale ou aux difficultés financières (…) Sans une approche globale des conséquences dévastatrices des violences sexuelles sur les personnes qui en sont victimes, elles continueront, ainsi que la société congolaise, à subir cette double peine.[1] »

Ces différentes O.N.G. précédemment mentionnées font partie de la liste non exhaustive des différentes organisations non gouvernementales venant en aide aux victimes de violences sexuelles en R.D.C.

---

[1] Médecins sans Frontières, « Il faut tout un village : l'urgence d'une approche globale pour accompagner les survivantes de violences sexuelles en République démocratique du Congo. », *op. cit.*

La prise en charge des victimes par ces organisations non gouvernementale constitue une aide majeure et très importante mais n'est pas suffisante quant à l'éradication totale de ce fléau. Des dispositions juridiques ainsi que des prises d'initiative politiques par d'autres États du monde sont nécessaires afin d'y remédier au regard du fait que la République démocratique du Congo, par ses richesses et ses minerais, constitue un enjeu géostratégique déterminant dans leur exportation, cause principale des exactions et crimes commis par les groupes armés dans la zone orientale du pays, ce qui cause le malheur de la population congolaise depuis bientôt trois décennies à ce jour.

Section 4 : Les législations et prises d'initiatives politiques étrangères

Les minerais constituent un enjeu géopolitique et géostratégique fondamental dans notre monde contemporain étant donné que différents appareils numériques tels que les ordinateurs, les smartphones et les tablettes tactiles sont devenus des outils nécessaires à notre vie quotidienne. De ce fait, des minerais tels que le cobalt ainsi que le coltan (colombo-tantalite) sont l'objet de convoitises, et sont extraits dans des conditions inhumaines (travail forcé, violences sexuelles…). La spoliation des minerais et richesses tel que l'or et le diamant émanant du sous-sol à l'est de la R.D.C. est intrinsèquement liée aux viols commis dans ces régions afin de soumettre la population à la terreur et, *de facto*, afin de mieux s'approprier ces richesses, propos relatés par Christine Schuler-Deschryver dans le film documentaire *City of Joy* : « Quand la guerre a commencé en 1996, (…) c'était juste une guerre économique et toutes les grandes puissances mondiales ont été impliquées. Elles voulaient créer le chaos pour contrôler l'industrie minière. Il y a de nombreux groupes de milices différents qui travaillent tous pour des gros bonnets et des multinationales du monde entier. Certaines sociétés [des multinationales] font appel aux milices, qui connaissent les forêts et savent comment protéger les mines. (…) ces groupes de milices sont extrêmement pauvres. Ils n'ont rien. Ce sont des esclaves. J'ai une arme, donc (…) je peux violer. Un jour, j'ai vu une carte incroyable. Les viols et les mines. On voyait qu'autour des mines, il y avait beaucoup de viols. Le viol est une arme de guerre. Imaginez quand ils attaquent votre village. Ils violent les bébés, les mères, les grands-mères. À votre avis, que font les survivants ? Ils fuient. Et les milices s'emparent des villages, la plupart autour des mines.[1] » Dans ce documentaire, il est effectivement fait mention que : « Selon l'O.N.U, des multinationales du monde (…) participent à l'exploitation des ressources naturelles en R.D.C. Ces entreprises viennent de : Belgique, Îles Vierges britanniques, Burundi, Canada, Chine, Finlande, France, Allemagne, Ghana, Hong Kong, Israël, Kazakhstan, Malaisie, Pays-Bas, Rwanda, Afrique du Sud, Suisse, Thaïlande, Ouganda, Émirats, USA, Grande-Bretagne, Zimbabwe.[2] »

Pour des raisons éthiques et humanitaires, des législations et prises d'initiatives politiques à l'étranger, notamment en Occident, ont été mises en œuvre.

Dans le film *L'Empire du silence* réalisé par Thierry Michel, est filmée Tiziana Beghin, députée européenne, prenant la parole au Parlement européen en alertant sur la situation en R.D.C. de la manière suivante : « Cet ordinateur est tâché de sang. Toute la technologie que nous utilisons est tâchée de sang. Elle l'est car tous les composants que nous utilisons portent le poids de la guerre. L'argent gagné fait fi de tous les droits humains, des

[1] GAVIN Madeleine (réal.), *op. cit.*
[2] GAVIN Madeleine (réal.), *Ibid.*

meurtres et des mutilations.[1] » Marie Arena, Présidente de la sous-commission aux droits de l'Homme, s'adresse au Parlement européen en expliquant la chose suivante : « Un pas a été franchi avec le pacte de la loi Dodd-Frank aux États-Unis. La loi oblige les entreprises américaines à fournir des informations détaillées en matière des minerais des conflits et ce, pour rompre le lien avec l'exploitation sauvage de ceux-ci et les conflits.[2] » Cette loi, adoptée le 21 juillet 2010 et plus précisément sa section 1502 consiste à : « identifier des mines dont la production serait propre (c'est-à-dire ne bénéficierait ni aux groupes armés ni aux militaires congolais) et d'organiser une chaîne d'approvisionnement respectueuse de la légalité administrative et transparente (…) [qui] serait assurée par un dispositif de certification régionale qui permettrait de satisfaire l'obligation de déclaration de l'origine des minerais que la loi américaine Dodd-Frank vient d'imposer aux sociétés cotées à Wall Street. En obligeant les plus grandes sociétés consommatrices de minerais (…) à révéler la provenance de leurs minerais (diligence raisonnable), le législateur américain contraint l'industrie et les pays producteurs à "éclairer" les chaînes d'approvisionnement qui prospèrent la plupart du temps dans l'opacité. De l'OCDE [Organisation de coopération et de développement économiques] à Motorola, toutes les énergies se concentrent actuellement sur l'établissement de chaînes d'approvisionnement certifiables dans les Kivus et des experts sont en train de parcourir ces provinces pour sélectionner les "sites miniers propres" et conduire des expériences pilotes tandis que les Nations Unies ont construit des centres de négoce dans les Kivus. Ces efforts (…) devraient conduire à une formalisation du commerce des minerais en RDC et, par contrecoup, à une

[1] MICHEL Thierry (réal.), *L'Empire du silence*, *op. cit.*
[2] MICHEL Thierry (réal.), *op. cit.*

formalisation de la production. Tel est le cercle vertueux que cette loi américaine cherche à impulser en empruntant la voie de la régulation par le marché, c'est-à-dire *in fine* par le consommateur qui est libre d'acheter ou non des produits labellisés "conflict-free" [libre de conflits]. L'expérimentation congolaise est la dernière tentative en cours – et peut-être la dernière chance – pour concilier les nécessités du commerce et l'exigence éthique. À ce titre, elle doit être suivie de près.[1] »

Au cours de la même décennie, selon Thierry Michel : « En 2017, un premier pas est franchi par le Congrès américain. Plusieurs personnalités congolaises proches du Président Kabila sont accusées de crimes de masse. Leurs comptes en banque sont gelés. Ils sont privés de visa. L'Union européenne adopte la même politique.[2] » mesures renouvelées par la suite par l'Union européenne : « Plus d'une centaine d'organisations congolaises ont plaidé (…) pour que l'Union européenne renouvelle ses sanctions à l'encontre de quatorze proches de l'ancien président Joseph Kabila impliqués dans des violations des droits de l'Homme en République démocratique du Congo, entre 2015 et 2018. L'UE avait décidé du gel des visas et des avoirs de 14 responsables congolais en décembre 2016 puis fin mai 2017 (…) sanctionnés pour leur rôle dans la répression des manifestations de l'opposition entre fin 2016 et 2018. Ces sanctions ont ciblé deux anciens ministres de l'Intérieur, deux ex-gouverneurs de provinces, l'ancien chef des renseignements civils ainsi que des généraux de l'armée et de la police. L'UE a renouvelé ses sanctions pour un an (…)

---

[1]VIRCOULON Thierry, « Éthique et commerce des matières premières », dans *Études*, vol. 415, no. 12, 2011, pp. 595-604.
[2] MICHEL Thierry (réal.), *op. cit.*

avant l'élection présidentielle du 30 décembre 2018, remportée par l'actuel président Félix Tshisekedi.[1] »

En France, le parti politique L.F.I.-N.U.P.E.S, par la proposition de résolution n°1534 condamnant le soutien de la République du Rwanda au groupe rebelle du Mouvement du 23 mars, enregistrée à la Présidence de l'Assemblée nationale le 18 juillet 2023, mentionne, dans l'exposé des motifs l'implication du M23 dans les exactions commises sur le territoire congolais afin de piller les richesses se trouvant sous son sol : « Le M-23 s'est rendu coupable d'exactions d'une rare cruauté : massacres, viols de masses ou encore pillages et ce sur des populations vulnérables (…) Il est admis depuis longtemps que ce mouvement n'agit pas seul mais dispose de relais dans la région. (…) [Le] Rwanda fait en particulier l'objet d'accusations de la part de plusieurs pays ou encore d'ONG. Human Rights Watch, dans son rapport publié le 25 juillet 2022, faisait ainsi référence à un soutien étranger – sans viser le Rwanda à ce stade – lequel fournirait un appui militaire substantiel aux rebelles.[2] » Dans l'exposé des motifs, le parti politique français rappelle que : « Pour mémoire l'accord-cadre d'Addis-Abeba posait (…) en 2013, les bases d'un processus de paix dans la zone. Les deux accords suivants de Nairobi et de Luanda de 2022 ont marqué deux avancées significatives. Le premier posait un cessez-le-feu immédiat, prônait un désarmement des groupes armés de la zone et le déploiement d'une force armée régionale pour aider à la neutralisation de ces groupes. (…) [le] second accord (…)

[1] Jeune Afrique avec AFP, « RDC : appel au renouvellement des sanctions européennes contre des proches de Joseph Kabila », publié dans *Jeune Afrique* le 16 novembre 2019.

[2]Assemblée nationale, Proposition de résolution n°1534, 16e législature, enregistré à la Présidence de l'Assemblée nationale le 18 juillet 2023, consulté le 18 mai 2024 à 16:30. URL : https://www.assembleenationale.fr/dyn/16/textes/l16b1534_proposition-resolution

insistait sur la nécessité de mettre un terme au soutien étranger apporté aux groupes rebelles, ainsi qu'un appel à la stabilisation des relations diplomatiques entre les pays de la région. (…) le soutien rwandais au M-23 pose un problème fondamental au processus de paix dans la zone est-congolaise en ce qu'il s'affranchit totalement de ces accords pourtant pertinents et salutaires. Le peuple congolais aspire depuis longtemps à la paix sur son territoire. C'est une condition de son accession à la prospérité (…) Les liens historiques qu'entretient la France avec les pays de la zone en proie aux conflits de l'est-congolais, couplée à sa volonté de promouvoir la paix, l'obligent à agir pour mettre fin au soutien rwandais en faveur du groupe rebelle du M-23. (…) L'importance de la francophonie dans cette zone implique que la France ne se cantonne pas à une place de second plan. Un défaut de soutien français à ces populations dont nous sommes proches serait une faute.[1] » L'article unique de cette proposition de résolution prévoit : la réaffirmation de sa fraternité avec le peuple congolais et son engagement profond pour la paix et la justice en République démocratique du Congo ; la condamnation des exactions commises sur le territoire congolais par le groupe rebelle du 23 mars et demande un strict respect des droits humains fondamentaux ; la demande à la République du Rwanda de cesser tout soutien au groupe rebelle du 23 mars ; l'invitation au Gouvernement français à agir sur le plan diplomatique pour faire cesser l'assistance apportée au groupe rebelle du 23 mars par la République du Rwanda et de mobiliser les moyens de la diplomatie française à l'Organisation des Nations Unies pour appuyer la construction de la paix dans l'est de la République Démocratique du Congo.[2]

[1] Assemblée nationale, *op. cit.*
[2] Assemblée nationale, *Ibid.*

Lors d'une visite en R.D.C. du 24 au 31 octobre 2023, Jean-Luc Mélenchon a de nouveau affirmé sa fraternité à l'égard du peuple congolais face aux exactions du Rwanda et a dénoncé la « visée expansionniste » de Kigali après s'être entretenu durant une heure avec le Président Tshisekedi.[1]

Carlos Martens Bilongo, député L.F.I-N.U.P.E.S. s'étant rendu avec Jean-Luc Mélenchon en R.D.C. en octobre 2023, a posé une question adressée au Gouvernement lors d'une séance l'Assemblée nationale française, question intitulée : « Guerre et crise humanitaire en République démocratique du Congo » publiée au journal officiel de la République française le 28 février 2024 et énonçant : « Huit millions de morts et sept millions de déplacés internes : dans l'indifférence générale, le sang coule au Congo (...) victime de graves violations du droit international humanitaire et des droits de l'homme. Je vous parle de crimes contre l'humanité, de crimes de guerre, de viols, d'exactions contre les enfants et les femmes, d'enrôlements forcés d'enfants soldats. Le sang coule au Congo. (...) Pourtant, cette guerre est oubliée, alors que les matières premières – le cobalt, le lithium ou le coltan –, dont le trafic est à la racine de ces conflits, circulent librement et atterrissent jusque dans nos portables. Cette guerre est passée sous silence et pourtant nos téléphones sonnent. (...) Il y a urgence : le M23, groupe armé directement soutenu par le Rwanda selon les rapports des Nations Unies, s'est rapproché de Goma (...) la France est très préoccupée par la situation et appelle le Rwanda à cesser tout soutien au M23, ainsi qu'à se retirer du territoire congolais. Les mots sont importants, les actes le sont plus encore. Allez-vous geler la coopération militaire avec le Rwanda et prendre des

---

[1] CHÂTELOT Christophe, « A Kinshasa, Jean-Luc Mélenchon affirme sa "fraternité" avec la RDC face aux "exactions" du Rwanda », dans *Le Monde*, 27 octobre 2023.

sanctions économiques et diplomatiques ?[1] » Parmi ses réponses, la secrétaire d'État chargée du développement et des partenariats internationaux, Chrysoula Zacharopoulou, a répondu que : « la France se tient fermement aux côtés des populations congolaises, qui font face à ce drame humanitaire. En 2023, 38 millions d'euros ont été mobilisés pour les soutenir.[2] » mais le député Carlos Martens Bilongo a relevé que Madame la secrétaire d'État n'a pas répondu quant aux sanctions qu'il faut infliger au Rwanda.

Dans le monde, des soulèvements d'indignation ont lieu à travers notamment plusieurs manifestations dénonçant les dramatiques évènements se produisant à l'est de la R.D.C. En France, une manifestation a eu lieu le 17 février 2024 à proximité de l'ambassade du Rwanda à Paris en ordonnant de « libérer le Congo ». Sur une pancarte de manifestants est retranscrit un court témoignage de viol par une survivante en R.D.C : « Ils m'ont violée à tour de rôle en présence de mes enfants qui étaient terrifiés.[3] »

Quelques jours plus tard, le 2 mars 2024 a eu lieu des manifestations à Genève pour les mêmes motifs que celles qui ont eu lieu à Paris le 17 février de la même année. La différence entre ces deux manifestations se situe dans le fait que Genève constitue le lieu symbolique où siège l'O.N.U. Les manifestants pointent du doigt les crimes commis à l'est de la R.D.C. ainsi que le pillage des ressources dont notamment le cobalt et le coltan par le M23 soutenu par

---

[1] Assemblée nationale, Question n°1621, 16e législature, « Guerre et crise humanitaire en République démocratique du Congo », publiée au journal officiel de la République française le 28 février 2024, consulté le 18 mai 2024 à 16:37. URL : https://questions.assemblee-nationale.fr/q16/16-1621QG.htm

[2] Assemblée nationale, *Ibid.*

[3] CLPRESS / Agence de presse, « Manifestation pour le Congo à proximité de l'ambassade du Rwanda (17 février 2024, Paris, France) », publié sur YouTube le 17 février 2024, consulté le 19 mai 2024 à 17:37. URL : https://www.youtube.com/watch?v=fiwd8fgoP8o

Paul Kagame et affichent sur leur pancarte une volonté de cesser ce génocide.[1] Le 6 avril 2024, à Londres, ont également eu lieu des manifestations dénonçant les mêmes faits.

Lors de la Coupe d'Afrique des Nations de 2024 organisée en Côte d'Ivoire, lors de la demi-finale le 7 février, l'équipe de football de la R.D.C. (les Léopards) ont effectué des gestes symboliques afin de dénoncer les massacres qui ont lieu à l'est du Congo (à travers le geste du pistolet sur la tempe), crimes passés sous silence par la communauté internationale (à travers le geste d'une main sur la bouche).[2]

Le 30 avril 2024, lors d'une conférence de presse avec le chef d'État de la R.D.C. Félix Tshisekedi en visite à Paris, le Président de la République française, Emmanuel Macron a exhorté le Rwanda à « cesser tout soutien » au M23 et à « retirer ses forces » de la R.D.C. À l'occasion de cette conférence de presse, il a déclaré que : « La France ne transigera jamais sur l'intégrité territoriale et la souveraineté de la République démocratique du Congo » mais n'a pas évoqué de manière claire et explicite des sanctions contre le Rwanda. Lors de cette conférence de presse, Emmanuel Macron a évoqué un « désarmement et encadrement » du groupe armé des F.D.L.R. « et retrait des forces rwandaises qui sont sur le sol congolais » ainsi que le « désarmement du M23 et processus d'accompagnement » et a souhaité « que d'ici à la fin de l'été nous puissions avoir des initiatives pleinement conclusives pour sortir de la situation que vous connaissez

---

[1] Genève internationale, « La diaspora congolaise dénonce à Genève les injustices en RDC », publié dans *Tribune de Genève*, 4 mars 2024.

[2] MILIANI Adel, « République démocratique du Congo : comprendre la "crise oubliée" que dénoncent les footballeurs de la CAN », dans *Le Monde*, 10 février 2024.

depuis trop de temps ».[1] Dans le même esprit que la loi Dodd-Frank aux États-Unis, lors de cette conférence de presse, Emmanuel Macron a évoqué « la volonté à avancer fortement avec (…) le travail du B.R.G.M. [Bureau de recherches géologiques et minières] pour cartographier à vos côtés [du Président Tshisekedi, en s'adressant à lui] vos ressources minières et notre volonté ensemble de travailler à une plateforme et un mécanisme de traçabilité de tous les minerais (…) c'est celui que nous soutenons, c'est celui qui permet de lutter efficacement contre les trafics pour tous les numéro critiques, celui par exemple comparable au Processus de Kimberley pour le diamant[2] qui existe aujourd'hui. Nous sommes volontaires pour avancer sur cette ligne comme nous avons commencé à en poser les jalons lors de ma visite, donc, de l'année dernière.[3] » Félix Tshisekedi déclare que : « ce qui a le plus retenu mon attention c'est l'engagement encore plus grand de la France aux côtés du peuple congolais surtout dans ce que nous subissons comme guerre injuste qui nous est imposée par le Rwanda qui soutient le M23 et je pense qu'avec la discussion qu'on a eue aujourd'hui, une lueur d'espoir

---

[1] Le Monde avec AFP, « Emmanuel Macron exhorte le Rwanda à "cesser tout soutien" aux rebelles congolais du M23 et à "retirer ses forces" de la RDC. », dans *Le Monde*, 30 avril 2024.

[2] Selon l'O.N.G. « Amnesty International », il s'agit d'un processus mis en place en 2003 par des États, des professionnels du diamant et des organisations de la société civile, pour mettre un terme au commerce international des "diamants du sang" qui vise à garantir au consommateur que les diamants qu'il achète ne sont pas des diamants bruts utilisés par les mouvements rebelles, ou leurs alliés, pour financer des conflits visant à déstabiliser des gouvernements légitimes. Page Web consultée le 20 mai 2024 à 17:18. URL : https://www.amnesty.fr/focus/le-processus-de-kimberley

[3] France 24, « REPLAY - Revivez la conférence de presse entre Emmanuel Macron et Félix Tshisekedi • FRANCE 24 », publié sur YouTube le 30 avril 2024, consulté le 20 mai 2024 à 16:57. URL : https://www.youtube.com/watch?v=chL8WcgrAfc

pointe à l'horizon. (…) On peut compter sur la France qui sera à nos côtés pour trouver cette paix. (…) Je repars très satisfait et très optimiste quant à l'avenir des relations franco-congolaises.[1] »

Nonobstant toutes ces dispositions prises à l'échelle internationale afin d'apporter des éléments de réponses concernant les conflits dévastateurs à l'origine des viols massifs commis à l'est de la R.D.C, il se trouve que malheureusement, la plupart d'entre elles se sont heurtées à d'importantes limites.

[1] France 24, *Ibid.*

Chapitre II
Les limites du droit international en l'espèce

Si les conflits et exactions ne cessent toujours pas de se produire à ce jour en R.D.C, c'est en grande partie dû au fait que les différentes interventions de l'O.N.U. ont rencontré de très nombreuses limites (Section 1), ainsi que certaines législations et prises d'initiatives politiques étrangères (Section 2), entraînant pour conséquence une impunité à l'échelle internationale (Section 3) à cause aussi et ce, en grande partie, aux limites de la Cour pénale internationale (Section 4).

Section 1 : Les limites des différentes interventions de l'O.N.U.

Selon plusieurs sources, les différentes interventions de l'O.N.U. se sont révélées insuffisantes. Dès les racines des conflits actuels en R.D.C, la communauté internationale a fait preuve d'inertie, ce qui a causé en partie les terribles évènements qui se produisent encore aujourd'hui à l'est de la R.D.C, ce que met en avant le réalisateur Thierry Michel dans son film documentaire *L'Empire du silence* : « Les camps [de réfugiés hutus] représentent une menace pour Paul Kagame, le nouvel homme fort du Rwanda et aussi pour son allié Yoweri Museveni, le président ougandais. Tous deux mettent en garde la communauté internationale.[1] » Sont filmés les propos tenus par Paul Kagame, Vice-Président de 1994 à 2000 puis Président de la République du Rwanda depuis 2000 : « Je leur ai dit (…) qu'il était de la responsabilité de la communauté

[1] MICHEL Thierry (réal.), *L'Empire du silence*, *op. cit.*

internationale de désarmer ces gens parce-que nous étions persuadés que le but de tout cela était de procéder à un nouveau génocide, ce qui était inacceptable pour nous. Donc si la communauté internationale ne faisait rien, nous prendrions nous-mêmes les choses en main. Je ne suis pas rentré dans le détail de ce que nous allions faire.[1] » Son allié, le président ougandais Yoweri Musevini ajoute : « Nous avons supplié Mobutu de déplacer ces réfugiés de la frontière jusqu'au fin fond du Congo, comme les Nations Unies le préconisaient, mais il a refusé. Nous avons supplié la communauté internationale de séparer dans les deux camps les militaires des civils, mais ils ont refusé. (…) Nous avons donc publiquement averti Mobutu que si les réactionnaires menaçaient de semer le trouble, nous trouverions nous-mêmes une solution.[2] » Dans son dernier film, Thierry Michel décrit les conséquences de la passivité de la communauté internationale en ces termes : « Devant l'inertie internationale, les présidents Kagame [président rwandais] et Museveni [président ougandais] mettent leurs menaces à exécution. En octobre 1996, une coalition qui rassemble des militaires tutsis rwandais, des éléments de l'armée ougandaise et des rebelles zaïrois (…) Ce rassemblement hétéroclite sera baptisé Alliance des Forces Démocratiques pour la Libération du Congo. Pour la diriger, les Rwandais ont choisi un Congolais, Laurent-Désiré Kabila, qui depuis trente ans s'oppose au Président Mobutu. Son objectif est de prendre le pouvoir à Kinshasa (…) Kagame de son côté veut avant tout disperser les camps, contraindre les réfugiés de revenir au Rwanda et anéantir les forces militaires des anciens génocidaires. Mais les troupes de l'A.F.D.L. viennent à peine de franchir la frontière qu'elles commettent un premier massacre : il a

[1] MICHEL Thierry (réal.), *op. cit.*
[2] MICHEL Thierry (réal.), *Ibid.*

lieu à Lemera, au sud du Kivu, dans un hôpital dirigé alors par un jeune médecin : Denis Mukwege.[1] »

Scott Campbell, chef unité des Droits de l'Homme R.D.C. – Nations Unies de 2011 à 2014 témoigne face à la caméra : « En tant qu'officiers des droits de l'Homme à Kinshasa, nous assistions à l'avancée des troupes ougandaises, rwandaises et burundaises, dirigés par Laurent-Désiré Kabila à la tête de l'A.F.D.L. Cette coalition progressait à travers le pays. Et au fur et à mesure, nous recevions des informations faisant état de massacres à grande échelle de réfugiés.[2] »

En ce qui concerne le Rapport Mapping, Federico Borello, Coordinateur Équipe Mapping aux Nations Unies de 2008 à 2009 explique les raisons pour lesquelles ce rapport crucial concernant la liste qui comporte des noms de certains présumés auteurs de crimes internationaux rencontre des limites d'ordres purement politiques : « Il y avait des défis politiques parce-que beaucoup ne voulaient pas de cette enquête, craignaient légitimement ou pas, que cela déstabiliserait la région (…), et lorsque nous avons déployé des équipes, ils découvraient de plus en plus de cas et à un moment donné, ils ont dû arrêter d'enquêter parce-que nous n'avions pas le temps. Donc, je suis convaincu que malheureusement, notre liste de massacres est incomplète.[3] » Scott Campbell complète ces propos en expliquant que : « Dans le cadre de la publication d'un rapport des Nations Unies, notre politique est de partager ce rapport original avec tous les détails concernés par ce rapport. Nous avons donc partagé le rapport d'abord avec le gouvernement de la R.D.C. et nous avons fait la même chose avec le Rwanda.[4] » mais Federico Borello précise de

[1] MICHEL Thierry (réal.), *op. cit.*
[2] MICHEL Thierry (réal.), *Ibid.*
[3] MICHEL Thierry (réal.), *Ibid.*
[4] MICHEL Thierry (réal.), *Ibid.*

nouveau que des raisons purement politiques qui comprennent notamment des menaces de la part du gouvernement rwandais ont empêché la publication officielle de ce rapport : « Plusieurs gouvernements ont protesté, notamment le gouvernement rwandais, et il a menacé de retirer ses troupes de maintien de la paix de l'O.N.U. si le rapport était publié.[1] » Scott Campbell apporte une précision importante en réponse aux propos de Federico Borello selon laquelle : « Ils ont estimé que le rapport était basé sur des allégations non fondées et motivées par des considérations politiques et ils ont demandé qu'il ne soit pas publié.[2] » mais heureusement, ce rapport a fait l'objet d'une fuite : il a été publié dans le journal *Le Monde*[3], rapporté par Federico Borello : « c'était le résultat d'une fuite. Probablement quelqu'un qui n'était pas entièrement convaincu que le rapport serait publié dans son intégralité a alors décidé de le divulguer.[4] » Christophe Châtelot, journaliste Afrique chez *Le Monde* explique les raisons pour lesquelles ce journal a décidé de faire fuiter le Rapport Mapping contrairement aux indications que le personnel de ce journal aurait reçues : « C'est une personnalité politique de premier plan qui a organisé cette fuite. Parallèlement à ça, moi je rentre en contact avec le Haut-commissariat pour les droits de l'Homme et notamment leur service de presse qui reconnaît évidemment que ce travail est en cours et (…) me demande de ne pas le publier tant que la version originale n'est pas sortie, ce que nous refusons de faire et nous décidons donc de publier ce rapport et (…) tout ce qui est rapporté, décrit par le Rapport

---

[1] MICHEL Thierry (réal.), *op. cit.*
[2] MICHEL Thierry (réal.), *Ibid.*
[3] CHÂTELOT Christophe, BOLOPION Philippe à l'O.N.U, « L'ONU ne veut pas laisser impunis dix ans de massacre au Congo RDC » dans *Le Monde*, 26 août 2010, modifié le 28 novembre 2011.
[4] MICHEL Thierry (réal.), *Ibid.*

Mapping ce sont des assassinats systématiques dans des camps de réfugiés, assassinats d'enfants, de femmes et la description de ces massacres, leur côté systématique, leur côté répété peut en effet conduire à une accusation de génocide.[1] » Thierry Michel lui demande qui seraient les auteurs présumés de ce génocide, ce à quoi Christophe Châtelot répond : « Les acteurs de ce génocide seraient (c'est ce que dit ce Rapport Mapping) des éléments de l'armée patriotique rwandaise, de l'armée régulière, et donc, la responsabilité remonterait au plus haut sommet de l'État rwandais dans ces cas-là.[2] »

Dans son discours en qualité de Prix Nobel de la Paix le 10 décembre 2018 à Oslo, le docteur Mukwege a mentionné les limites des interventions de la communauté internationale et notamment le fait que le Rapport Mapping n'est pas mis à exécution par faute de volonté de cette dernière : « Au moment où je vous parle, un rapport est en train de moisir dans un tiroir de bureau à New York. Il a été rédigé à la suite d'une enquête professionnelle sur les crimes de guerre et les violations des droits de l'Homme perpétrés au Congo. Cette enquête nomme explicitement les victimes, les lieux et les dates, mais laisse les auteurs sans nom. Ce rapport cartographique (…) ne décrit pas moins de 617 crimes de guerre et crimes contre l'humanité et peut-être même des crimes de génocide. Qu'attend le monde pour en tenir compte ? Il n'y a pas de paix durable sans justice. Or, la justice n'est pas négociable. »

En 2010, Atul Khare, un des responsables de l'O.N.U. chargé du maintien de la paix a reconnu l'insuffisance des actions de l'O.N.U. dans sa mission en R.D.C.[3]

---

[1] MICHEL Thierry (réal.), *op. cit.*

[2] MICHEL Thierry (réal.), *Ibid.*

[3] BERTHEMET Tanguy, « Viols au Congo : le mea culpa de l'ONU », publié dans *Le Figaro*, 8 septembre 2010, mis à jour le 9 septembre 2010.

Dans son film documentaire, Thierry Michel soulève l'insuffisance voire l'échec de la mission de la M.O.N.U.S.C.O : « Cela fait vingt ans que la mission des Nations Unies pour le maintien de la paix (…) est censée éradiquer les groupes armés et mettre fin à la violence. Cette opération est la plus ancienne mission de l'O.N.U. Sa logistique est considérable et son budget annuel dépasse un milliard et demi de dollars. La mission est devenue un État dans l'État, mais pour quel résultat ?[1] » constat partagé par le docteur Mukwege qui livre son interrogation quant à l'inefficacité de cette mission : « la seule question que je me pose, c'est que lorsque vous avez une activité pendant vingt ans et que vous n'avez pas de résultat, il faut peut-être changer de système, il faut changer la méthode (…) Cette mission va rester pendant combien de temps encore ? Pendant combien de temps les pays contributeurs et des troupes et de financements vont continuer à donner ?[2] » puis Thierry Michel reprend en expliquant que : « La M.O.N.U.S.C.O est de plus en plus controversée au Congo pour sa passivité, son impuissance.[3] » Un exemple de cas concret a été filmé dans ce film documentaire. À Bunyakiri, dans l'extrême-nord de la province du Sud-Kivu, Thierry Michel recueille le témoignage d'une femme âgée expliquant que sa famille a été massacrée par une milice de Hutus rwandais, d'anciens génocidaires qui ont résisté à toutes les guerres. À propos de ce massacre, un homme témoigne après la femme : « Le camp de la M.O.N.U.S.C.O était juste à côté, à peu près à 800 mètres de l'endroit où s'est déroulé le massacre. Ils étaient là, mais ils n'ont rien fait. Les hommes sont morts, les femmes et les enfants sont morts. On pensait qu'en habitant à côté de la base de la M.O.N.U.S.C.O, nous serions totalement protégés, mais en

[1] MICHEL Thierry (réal.), *op. cit.*
[2] MICHEL Thierry (réal.), *Ibid.*
[3] MICHEL Thierry (réal.), *Ibid.*

fait, c'était le contraire.[1] » Selon Maître Thérèse Kulungu : « Les hommes sont dépecés, égorgés, au vu et au su de tout le monde en présence des Nations Unies et personne ne réagit. Ils ne sont même pas enterrés mais jetés dans des fosses communes. Avec les 17 000 ou 20 000 casques bleus que nous avons en R.D.C, en trente minutes ils pouvaient réduire au silence tous ces groupes armés, mais non, ils ont la mission d'observer.[2] »

Dans le film documentaire *City of Joy* réalisé par Madeleine Gavin, Christine Schuler-Deschryver, co-fondatrice et directrice de la Cité de la Joie de la Fondation Panzi à Bukavu dont elle est la vice-présidente, fait également part des limites et insuffisances du droit international dans le cadre du drame humanitaire auquel le Congo fait face depuis une trentaine d'années : « Ce qui me choque particulièrement dans la guerre du Congo, c'est sa durée, le nombre de personnes qui souffrent et l'indifférence du reste du monde. Il y a eu six millions de morts. [Un chiffre symbolique qui rappelle les victimes de la Shoah, un des génocides du XXe siècle. L'Histoire se répèterait-elle ?] Des centaines de milliers de femmes violées et torturées. Durant la guerre en Bosnie, 20 à 40 000 femmes ont été violées. (…) Comment cette guerre peut-elle durer aussi longtemps sans que le monde n'intervienne davantage ? Que fait le reste du monde sachant qu'il a sa part de responsabilité avec le commerce des minerais ? Le minerai du coltan, un minerai qu'on trouve dans tous les iPhones et les ordinateurs.[3] » et poursuit son propos : « Le Congo est un des pays les plus riches du monde. Tous ces pays sont des prédateurs. Ils viennent servir leurs propres intérêts. Tous les jours, leurs hélicoptères transportent l'or, le coltan, les diamants et l'uranium. (…) Les

[1] MICHEL Thierry (réal.), *Ibid.*
[2] MICHEL Thierry (réal.), *op. cit.*
[3] GAVIN Madeleine (réal.), *op. cit.*

multinationales veulent continuer à financer les milices pour accéder aux mines et piller le Congo. Tout est lié. Des millions de Congolais sont morts, mais personne ne parle de génocide. (…) C'est comme si le Congo était devenu un lieu imaginaire. Ajoutez à cela le racisme, ajoutez à cela le colonialisme, mettez tout cela ensemble. Personne ne voit les Congolais comme de vrais êtres humains.[1] » puis partage une expérience qui l'a profondément heurtée à la violence de l'indifférence du monde, du règne de l'impunité et de la barbarie sans limite dont malheureusement les Hommes font preuve, ce qui l'a plongée dans une dépression : « Un jour, j'étais à l'hôpital et deux filles, deux petites filles ont été violées. (…) Puis un jour, je tenais un bébé de six mois, six mois, pas six ans, qui avait été violé. Elle est morte dans mes bras. Ça m'a rendue folle. J'étais prête à aller trouver tous les dirigeants. J'étais dans un tel état que je voulais emmener ce bébé chez le chef de l'O.N.U, puis l'emmener chez le gouverneur et dire : "Où va-t-on ?"[2] »

En plus des différentes interventions des Nations Unies, certaines législations et prises d'initiatives politiques étrangères se sont heurtées à leur tour à des limites.

Section 2 : Les limites des législations et prises d'initiatives politiques étrangères

Nonobstant les dispositions prises par l'Union européenne en ce qui concerne les sanctions à l'encontre des proches de Joseph Kabila en gelant les avoirs ainsi que les visas, il semblerait qu'en ce qui concerne une loi éthique portant sur les minerais, le Parlement européen a préféré

---

[1] GAVIN Madeleine (réal.), *op. cit.*
[2] GAVIN Madeleine (réal.), *Ibid.*

privilégier leurs intérêts ainsi que celles des sociétés et multinationales, ce qui est dénoncé par Marie Arena, ancienne députée européenne : « Que vaut la vie d'un Congolais ? Parce qu'on a un peu l'impression que, pour avoir accès au coltan, pour avoir accès à l'or, on est prêts à tout en Europe (…) Il suffit de regarder les votes au Parlement européen quand on a eu la législation sur les minerais et sur l'obligation d'une entreprise d'assumer des responsabilités dans la chaîne d'approvisionnement, (…) une majorité très faible (…) s'est jouée à trois voix près sur 750 députés, donc on a la moitié des députés qui considèrent que pour avoir accès aux ressources, on peut tuer.[1] »

Marc Botenga, député européen de nationalité belge, s'est indigné des évènements que subissent le peuple congolais et dénonce de manière virulente les motifs politiques conduisant aux limites des réponses du droit international conduisant à l'impunité en adressant ces mots au Parlement européen : « Il est avéré maintenant (…) que le gouvernement rwandais soutient les rebelles du M23, des rebelles qui sèment la terreur, la mort en République démocratique du Congo, notamment à l'est où ce conflit a fait des millions de morts. Nous savons donc toute la responsabilité du gouvernement rwandais. (…) que fait l'Union européenne ? Que font les pays européens ? On s'attendrait à des sanctions. C'est la réponse que l'Union européenne a souvent quand on voit ce genre d'action de la part d'un pays contre un autre. (…) Les gouvernements européens décident aujourd'hui de renforcer leur coopération militaire avec le Rwanda. La France notamment, annonce un renforcement de sa coopération militaire. L'Union européenne va donner vingt millions au Rwanda pour sa participation au Mozambique et les États-Unis sont (…) un partenaire très important du Rwanda.

[1] MICHEL Thierry (réal.), *op. cit.*

Tandis que vous savez qu'aujourd'hui si un État veut vendre des armes à la République démocratique du Congo, il doit le notifier aux Nations Unies qui ralentit voire empêche (…) la livraison des armes à un pays trop souvent et si souvent agressé. Cette politique, - où on dit en mots, en paroles que nous respectons la souveraineté congolaise, mais en réalité notre politique l'entrave et la sape - est inacceptable. Il faut cesser ça tout de suite parce-que nous avons besoin, et les Congolais ont besoin de paix aujourd'hui.[1] » De plus, dans son dernier ouvrage, le docteur Mukwege confirme les propos de Marc Botenga en précisant que : « Le Rwanda a continué de recevoir un important soutien financier et diplomatique, en particulier de la part des États-Unis et du Royaume-Uni. Mais aucun dirigeant influent ne plaçait la cessation du conflit en haut de sa lite de priorité.[2] » Il semblerait que les valeurs et objectifs promus par l'Union européenne elle-même tels que la démocratie, la paix, la liberté, la dignité humaine, l'égalité, le respect de la vie humaine etc. passeraient aux oubliettes s'agissant des minerais essentiels pour nos technologies modernes provenant de la R.D.C. spoliés de manière impitoyable avec la commission d'exactions, de massacres et de viols massifs par des groupes armés soutenus par le Rwanda… Les limites des interventions et initiatives prises par les Nations Unies dont les objectifs principaux sont de maintenir la paix et la sécurité internationales, ainsi que par l'Union européenne, le deux poids deux mesures dont font preuve ces dernières pour des raisons purement politiques, économiques et d'intérêts

---

[1] La Voix des Grands Lacs, « RDC: PLADOYER [*sic*] POUR DES SANCTIONS CONTRE LE RWANDA. MARC BOTENGA DÉPUTÉ PTB PARLEMENT EUROPÉEN », publié sur YouTube le 5 décembre 2022, consulté le 20 mai 2024 à 16:31. URL : https://www.youtube.com/watch?v=uorqLdAKYpU

[2] MUKWEGE Denis (Dr.), *op. cit.*, p.199.

étatiques viennent confirmer l'assertion du fondateur de notre Ve République française, Charles de Gaulle, selon laquelle : « Les États n'ont pas d'amis, ils n'ont que des intérêts.[1] »

Le 4 mars 2023, lors de sa visite à Kinshasa, le discours du Président Emmanuel Macron n'avait pas pris la même tournure et s'est avéré moins cordial que son discours lors de la conférence de presse ayant eu lieu le 30 avril 2024, ce que n'a pas manqué de souligner le député français Carlos Martens Bilongo à l'Assemblée nationale le 27 février 2024 dans une question adressée à la secrétaire d'État Chrysoula Zacharopoulou, chargée du développement et des partenariats internationaux : « En mars 2023, le président de la République est venu à Kinshasa tenir une conférence économique sur les minerais stratégiques. Il a parlé d'argent, mais pas du sang des Congolais. (…) Face à l'aveuglement volontaire des responsables politiques et économiques, je veux affirmer que pour nous, la vie des Congolais compte.[2] » En effet, selon un article du journal *Le Monde* : « Alors que le groupe d'experts des Nations Unies dénonçait en 2022 l'implication de l'armée rwandaise sur le sol congolais, Emmanuel Macron avait suggéré au président Félix Tshisekedi, présent à ses côtés lors d'une conférence de presse, de se remettre en question. "Depuis 1994 [date du génocide des Tutsis au Rwanda, qui allait ensuite déstabiliser toute la RDC et l'est du pays en particulier], vous n'avez pas été capables de restaurer la souveraineté [de votre pays]. Il ne faut pas chercher des responsabilités à l'extérieur", avait-il déclaré. Évitant de

[1] Cité par SCHÄUBLE Wolfgang, « Deux parlements pour un objectif : la coopération entre l'Assemblée nationale et le Bundestag allemand », Georges-Henri Soutou éd., L'action extérieure de la France. Entre ambition et réalisme. Presses Universitaires de France, 2020, pp. 343-355.

[2] Assemblée nationale, Question n°1621, 16e législature, *op. cit.*

nommer le Rwanda, redevenu un allié français dans la région, il invitait aussi Kinshasa à faire en sorte que les responsables congolais d'atrocités soient traduits devant la justice.[1] », propos qui avaient froissé une grande partie de son auditoire, y compris le Président Félix Tshisekedi.

Une autre limite concerne le Processus de Kimberley, évoqué par le Président Emmanuel Macron lors de la conférence de presse qui a eu lieu le 30 avril 2024 à Paris aux côtés du président de la République démocratique du Congo. En effet, nonobstant l'existence de ce processus, en pratique, il semblerait que : « Le Processus de Kimberley repose sur les États. Ils doivent eux-mêmes mettre en place un système effectif de contrôles à l'exportation et à l'importation, afin d'empêcher que des diamants de la guerre ne circulent. Or, l'efficacité des dispositifs de contrôle internes est très variable selon les pays. (...) Ce processus ne couvre pas les diamants dont le commerce a donné lieu à des atteintes aux droits humains, ou financé des forces gouvernementales violentes. Il n'impose pas non plus aux entreprises qui commercialisent des diamants bruts, à quelque étape que ce soit, d'enquêter elles-mêmes sur la provenance de leurs minerais. (...) En effet, le Processus de Kimberley dégage les entreprises de toute responsabilité d'enquêter sur leurs propres chaînes d'approvisionnement pour vérifier l'absence d'atteintes aux droits humains ou de financement de groupes armés. En conséquence, (…) les consommateurs ignorent dans quelles conditions les diamants qu'ils achètent ont été extraits. Par exemple, en tant que membre du Processus de Kimberley, la République centrafricaine n'a pour le moment pas eu à répondre des atteintes aux droits humains dans le secteur du diamant.[2] »

La plupart de ces limites, notamment les limites des dispositions et initiatives prises par les Nations Unies en

[1] CHÂTELOT Christophe, *op. cit.*

[2] Amnesty International, *op. cit.*

refusant de mettre à exécution le Rapport Mapping qui est de surcroît incomplet, mènent à une impunité à l'échelle internationale, c'est-à-dire devant les juridictions internationales compétentes en matière de crimes les plus graves qui sont imprescriptibles.

Les conséquences de cette impunité globale motivée par des raisons purement politiques et intéressées conduit au malheur de la population congolaise et aux conflits sans fin en R.D.C.

Section 3 : Une impunité à l'échelle internationale

Damien Vandermeersch, avocat général à la Cour de cassation en Belgique, professeur à l'Université de Louvain et à l'Université Saint-Louis de Bruxelles, auteur de *Comment devient-on génocidaire ?* (2013) s'inspire d'une formule attribuée au célèbre écrivain français du XIXe siècle Honoré de Balzac selon laquelle : « En se résignant à l'impunité, le monde consomme son malheur.[1] » et poursuit en dressant le constat suivant : « C'est sans aucun doute le plus grand paradoxe des crimes de droit humanitaire : d'une ampleur incommensurable et considérés comme les plus graves, ils demeurent la plupart du temps impunis. Pourtant, lorsqu'ils sont révélés dans toute leur horreur, de tels crimes suscitent l'indignation générale[2] »

Il s'avère qu'en l'espèce, le cycle de violences qu'engendre cette impunité a motivé le réalisateur Thierry Michel à tourner un nouveau documentaire sur le Congo, ce qu'il explique au début de son film : « pourquoi consacrer un nouveau film sur ce pays ? Parce-que, depuis 25 ans, le Congo reste déchiré par la violence, la guerre et les

---

[1] VANDERMEERSCH Damien, « L'impunité dans un monde sans repères », dans *Le viol, une arme de terreur. Dans le sillage du combat du docteur Mukwege, op. cit.*, p.149.

[2] VANDERMEERSCH Damien, *loc. cit.*

massacres. Au gré de mes tournages, j'en ai souvent été le témoin (...) Des visages sont restés gravés dans ma mémoire, des visages d'hommes, de femmes et d'enfants qui m'ont demandé de porter leur cri et leur soif de justice. Depuis 1996, le Congo est le terrain de conflits internationaux particulièrement meurtriers (...) Les auteurs de ces crimes sont innombrables, des mouvements rebelles par centaine, des chefs de guerre, des militaires congolais et des armées étrangères. Ces massacres ont entraîné des déplacements massifs des populations, l'enrôlement d'enfants soldats et des viols utilisés comme arme de guerre dans l'impunité totale et le silence. (...) Ne pouvant plus rester impuissant face à l'indifférence du monde, je suis allé témoigner à Genève aux côtés du docteur Mukwege lors d'une session des Nations Unies consacrée aux violations des droits de l'Homme.[1] »

Lorsque l'hôpital de Lemera a été attaqué en 1996, pour le docteur Mukwege, le début de l'impunité a commencé à partir de ces crimes.[2]

Le 8 mars 2016, date symbolique de la journée internationale du droit des femmes, le réalisateur Thierry Michel a pris la parole à Genève à l'occasion de la session annuelle des Nations Unies consacrée aux Droits Humains : « Aujourd'hui on recommence les mêmes erreurs historiques qui ont mené à ces vingt années de conflits, de massacres et de viols. Pourquoi pas de poursuites judiciaires ? Pourquoi cette impunité ? Pourquoi pas de justice internationale ? Pas de tribunal pénal international ? Pas de tribunaux spéciaux ? Mais enfin, ce cycle nous mène où ? (...) Dans le mur absolu, et on dira encore dans un an, dans deux ans, ah, mon Dieu, si on avait su ! Mais non, on le sait ! Ce n'est que la répétition de l'Histoire. Et je crains que le sang coule, à nouveau, sur la terre de ce pays que

[1] MICHEL Thierry (réal.), *op. cit.*
[2] MICHEL Thierry (réal.), *Ibid.*

nous aimons tant, le Congo.[1] » En tant que narrateur de son film documentaire, Thierry Michel exprime ses doutes quant à la prise en considération de ses différentes alertes concernant les évènements graves qui se produisent en R.D.C : « je ne suis pas sûr d'avoir été entendu. Je suis donc reparti en tournage à la rencontre des témoins et des survivants de ces barbaries dans l'espoir de pouvoir rompre enfin la loi du silence.[2] » Concernant Jean-Pierre Bemba (cf. *supra* page 138) Sonia Bakar précise que : « Le groupe de Jean-Pierre Bemba avait deux / trois jours pour se faire payer et c'était le pillage et le viol [qui constituaient] une façon d'être payé parce que Jean-Pierre Bemba ne les payait pas, mais ils sont rentrés dans chaque maison, ils ont pillé chaque maison et ils ont violé chaque femme qu'ils ont trouvé sur place. (…) il faut déjà que politiquement, la personne qui est à la tête du pays décide que c'est une priorité pour le Congo de mettre fin à l'impunité et d'écouter les victimes. » puis, Thierry Michel ajoute : « Non seulement Jean-Pierre Bemba ne sera pas jugé, mais il va même bénéficier d'une de ses grandes réconciliations ubuesques dont le Congo a le secret : en 2002, un accord de paix est signé entre les belligérants [il s'agit en l'occurrence des accords de Sun City d'avril 2002] avec la bénédiction de la communauté internationale : les chefs rebelles sont intégrés dans le gouvernement et Jean-Pierre Bemba devient l'un des quatre vice-présidents du Congo. (…) la plupart [des miliciens intégrés dans l'armée régulière] sont d'anciens rebelles, quelque soient les atrocités qu'ils ont commises, ils bénéficient d'une amnistie. En prime, les chefs sont nommés aux plus hautes fonctions de la hiérarchie militaire. Au Congo, on appelle cela le brassage. On tourne la page dans le silence et l'impunité, les

[1] MICHEL Thierry (réal.), *op. cit.*
[2] MICHEL Thierry (réal.), *Ibid.*

seigneurs de guerre sont réhabilités et jamais personne ne leur demandera des comptes.[1] »

Le fait qu'un important rapport des Nations Unies, le Rapport Mapping, élément central pour des poursuites judiciaires, soit incomplet et inexécuté constitue un obstacle majeur concernant la justice pénale internationale, évoqué par Luc Henkinbrant, officier Droits de l'Homme aux Nations Unies en R.D.C. de 2001 à 2011 : « Plus de 1230 victimes et témoins de tous ces massacres ont été interviewées par les enquêteurs (…) mais la base de données, elle, contient la liste de tous ces auteurs présumés de tous ces massacres, de tous ces viols, de tous ces pillages, communiqué par les victimes, par les témoins. (…) cette liste noire reste enfermée dans les tiroirs ou dans les coffres-forts du Haut-Commissariat des Nations Unies à Genève et pratiquement aucune juridiction ou aucun tribunal national, ou international ne peut aujourd'hui s'en servir.[2] » et ajoute que : « Cette base de données, c'est une bombe puisqu'elle dit, des dirigeants, politiques, militaires *et cetera* de différents pays de l'Afrique centrale qu'ils sont en fait des présumés auteurs de crimes de guerre, de crimes contre l'humanité, peut-être même de crime de génocide.[3] » Luc Côté, directeur exécutif équipe Mapping, R.D.C. aux Nations Unies justifie l'inexécution de ce rapport en ces termes : « Ces noms-là sont consignés, sont mis dans des annexes qui sont confidentielles et qui peuvent être remis à la justice mais je ne pense pas que ce soit le rôle d'un Projet Mapping ou d'un rapport des droits de l'Homme d'accuser directement des individus de responsabilité pénale individuelle.[4] » Thierry Michel relate le fait suivant : « À Washington, la Commission des Affaires étrangères du

---

[1] MICHEL Thierry (réal.), *op. cit.*
[2] MICHEL Thierry (réal.), *Ibid.*
[3] MICHEL Thierry (réal.), *Ibid.*
[4] MICHEL Thierry (réal.), *Ibid.*

Sénat se réunit en session extraordinaire consacrée à la tragédie congolaise et à l'impunité dont continuent de bénéficier ces criminels.[1] » Russ Feingold, sénateur envoyé spécial des États-Unis Afrique Centrale pointe la nécessité que justice soit faite afin que la paix puisse enfin être retrouvée en R.D.C : « L'État de droit doit exister en République démocratique du Congo. Tous les habitants de l'est congolais attendent ça et cela veut dire que ceux qui ont commis ces crimes horribles doivent être reconnus coupables. Les gens doivent les voir jugés, les gens doivent les voir condamnés et punis. Sinon, comme nous l'avons dit, cette impunité continuera.[2] » Dans son film documentaire, Thierry Michel interroge quant aux procédures judiciaires engagées en R.D.C, ce à quoi Luc Côté répond : « Il y a eu quelques procès, il y a eu quelques douzaines de procès qui ont été faits mais on parle de quelques douzaines de procès pour probablement des dizaines de milliers d'infractions de crimes graves qui ont été commis donc ça reste une goutte d'eau.[3] »

Maître Thérèse Kulungu, avocate rattachée à la Fondation Panzi, s'indigne à son tour de cette impunité : « Les crimes commis en R.D.C. sont inexplicables et inacceptables. La vie humaine n'est plus sacrée en R.D.C. Dans quel pays avez-vous appris, (…) qu'on enterre des gens vivants et que la communauté internationale reste tranquille ?[4] » La M.O.N.U.S.C.O est prise pour cible à cause de son inefficacité, ce que souligne Thierry Michel : « Devant tant d'impunités, contre qui tourner sa colère ? À Kinshasa, les gens descendent dans la rue pour s'en prendre aux bâtiments de la M.O.N.U.S.C.O, cette mission de maintien de la paix qui porte si mal son nom.

---

[1] MICHEL Thierry (réal.), *op. cit.*
[2] MICHEL Thierry (réal.), *Ibid.*
[3] MICHEL Thierry (réal.), *Ibid.*
[4] MICHEL Thierry (réal.), *Ibid.*

Tout un symbole pour dire l'impuissance et l'incompréhension des Congolais.[1] » Alphonse Maindo, politologue à l'Université de Kisangani confirme les dires de Thierry Michel en soulignant les limites de la mission des Nations Unies et en précisant le rôle qu'elle était censée effectuer et auquel elle était tenue à l'origine : « On laisse l'impunité totale de génération en génération, ça c'est sacrifier toute une nation et avec le risque à tout moment que ça rebondisse. C'est une bombe sur laquelle on est assis.[2] »

Thierry Michel soulève néanmoins plusieurs interrogations à travers ces paroles : « En janvier 2019, Joseph Kabila, sous la pression populaire et internationale doit céder le pouvoir au terme d'une élection controversée. Félix Tshisekedi, le fils d'un opposant historique [Étienne Tshisekedi] est intronisé président. (…) le nouveau dirigeant a-t-il vraiment la volonté et les moyens de rompre avec la politique de silence et d'impunité ? Des survivants des guerres et des massacres, des avocats, des hommes et des femmes défilent côte à côte à l'appel du docteur Mukwege dans des marches pacifiques et courageuses. Ils réclament (…) que justice soit rendue aux victimes et pour que les criminels soient enfin obligés de rendre compte de leurs actes.[3] » Le docteur Mukwege fait part de ses souhaits pour l'avenir concernant les évènements qui se produisent depuis bientôt trente ans en R.D.C : « Je rêve d'être dans une salle d'audience entouré d'avocats compétents plaidant devant des juges indépendants, intègres et impartiaux. Je rêve qu'à la fin de ces projets, toute la vérité soit dite sur les crimes de guerre, les crimes contre l'humanité voire le crime de génocide commis dans mon pays, des crimes qui doivent choquer la conscience de l'humanité (…) [et] que

---

[1] MICHEL Thierry (réal.), *op. cit.*
[2] MICHEL Thierry (réal.), *Ibid.*
[3] MICHEL Thierry (réal.), *Ibid.*

le peuple de la région des Grands Lacs pardonne, se réconcilie, pour faire germer un arbre de la paix au cœur de l'Afrique.[1] » Enfin, Thierry Michel conclut son film documentaire par ces mots : « Ces femmes et ces hommes que j'ai rencontré au Congo ne sont que d'infimes parties des victimes de l'horreur. Tant de vies sont à jamais éteintes, tant de voix se sont tues, tant de noms se sont effacés des mémoires. Que peut un film face à un tel désastre ? Témoigner contre l'oubli, pour que les innombrables victimes des guerres (…) ne disparaissent pas une deuxième fois.[2] »

À travers l'impunité qui règne en R.D.C notamment à cause de la mauvaise volonté ainsi que des intérêts politiques et étatiques des organes politiques et juridiques internationaux, les Nations Unies sembleraient avoir clairement failli quant à leurs prétendus objectifs principaux à savoir la paix et la sécurité internationales…

En tant que professeur et praticien du droit, Damien Vandermeersch développe la nécessité de la justice car selon lui, « Une "vérité judiciaire", au moment de la sentence, met des mots sur les faits. Il s'agit là d'un processus essentiel puisque l'impunité ne peut que susciter ressentiment et esprit de vengeance. (…)

« En nommant les crimes et leurs auteurs, la justice inscrit ces vérités dans la mémoire collective : c'est essentiel si l'on veut que ces infamies continuent à interpeller l'humanité. (…) Le procès remplit ainsi une fonction de restauration symbolique non négligeable. Au-delà de la peine et de l'indemnisation matérielle de la victime, il substitue le droit à la violence. (…) Il redonne une certaine humanité à ceux, victimes ou auteurs, qui l'avaient perdue à un moment donné.[3] » Jean Marie

---

[1] MICHEL Thierry (réal.), *op. cit.*

[2] MICHEL Thierry (réal.), *Ibid.*

[3] VANDERMEERSCH Damien, *op. cit.*, pp.156-157.

Carbasse, Professeur de droit à Paris et à Montpellier explique que l'origine du droit pénal se situe : « aux origines du contrôle social de la violence[1] »

La nécessité de la peine pour des auteurs d'infractions pénales a été justifiée et pensée par des philosophes tels que Platon et Emmanuel Kant. En effet, dans le *Gorgias*, Platon explique que le plus grand malheur qui puisse arriver au coupable est qu'il puisse échapper à son châtiment, et que le plus grand bienfait réside dans le fait que le coupable subisse la peine qu'il a méritée, ce qui signifie que le fait de recevoir une peine exécutée permettrait au coupable de demeurer dans la cité. Sa peine permet de payer sa faute et d'être réintégré au groupe à l'égal des autres membres de la communauté.

Pour Emmanuel Kant, le châtiment constitue un impératif catégorique, moral, car selon lui, la peine ne doit jamais être considérée comme un moyen mais comme une fin en soi. Emmanuel Kant dit qu'un Homme ne doit jamais être traité comme un outil, comme un moyen car il considère l'être humain comme une fin en soi. Par conséquent, il faut voir la peine comme quelque chose qui va rendre cet Homme digne : l'Homme doit se trouver digne de punition (ce qui constitue le paradoxe kantien).[2]

Néanmoins, l'impunité à l'échelle internationale constitue un obstacle majeur, ce qui est dû aux limites du droit international dans ses missions. Selon le juriste belge Damien Vandermeersch, l'impunité constitue : « d'abord une injustice supplémentaire qu'on inflige aux victimes : comme si leur souffrance ne méritait pas que la justice s'y

---

[1] CARBASSE Jean-Marie, « Introduction », dans *Histoire du droit pénal et de la justice criminelle*, avec la collaboration de Vielfaure Pascal. Presses Universitaires de France, 2014, pp. 13-30.

[2] KANT Emmanuel, *Métaphysique des mœurs, Doctrine du droit*, éd. Vrin, p.214.

intéresse, comme si leur douleur pouvait s'effacer avec les années…[1] »

Toutefois, une nuance est à apporter : certaines législations nationales permettent, sous réserve de certaines conditions, de poursuivre et de juger des personnes soupçonnées d'avoir commis à l'étranger des crimes contre l'humanité, même si ces dernières sont des ressortissants étrangers, et dont les actes reprochés auraient été commis à l'encontre de victimes étrangères : il s'agit de la compétence universelle. L'article 689-11 du Code de procédure pénale français dispose à cet effet que les juridictions françaises sont compétentes afin de poursuivre et de juger les personnes soupçonnées d'avoir commis le crime de génocide, les autres crimes contre l'humanité et les crimes et délits de guerre, sous réserve de certaines conditions prévues par les deux derniers alinéas de cet article du Code de procédure pénale, dans un objectif de lutte contre l'impunité en matière de crimes internationaux au regard de leur gravité. Pour la première fois, un ancien chef de guerre congolais, Roger Lumbala, accusé de complicité de crimes contre l'humanité et de participation à une entente en vue de commettre des crimes contre l'humanité dans les provinces de l'Ituri et du Nord-Kivu entre 2002 et 2003 comprenant des actes de violences sexuelles, sera jugé en France en vertu de la compétence universelle. Son procès se déroulera devant la Cour d'assises de Paris du 17 novembre au 19 décembre 2025, ce qui constitue un espoir pour les victimes.

Cependant, il demeure que les limites de la Cour pénale internationale jouent également un rôle dans l'impunité globale de ces crimes de la plus haute gravité.

[1] VANDERMEERSCH Damien, *op. cit.*, pp.153-154.

Section 4 : Les limites de la Cour pénale internationale

Afin de ne pas multiplier les tribunaux *ad hoc*, la mise en place d'une juridiction pénale internationale pérenne s'est avérée nécessaire à la suite des deux Tribunaux internationaux pour l'ex-Yougoslavie et pour le Rwanda. Ainsi, dans son préambule, le traité de Rome établit une juridiction pénale internationale permanente, également consacré en son article premier. Cette juridiction est compétente depuis le 1er juillet 2002, ce qui signifie qu'elle ne peut pas enquêter sur les crimes commis en R.D.C. antérieurement à cette date, ce qui constitue, par conséquent, une impasse juridique pour les victimes. L'existence de cette Cour visait deux objectifs : un objectif de dissuasion ainsi qu'un objectif de répression des crimes de guerre, des crimes contre l'humanité ainsi que du crime de génocide, considérés comme étant les plus graves portant atteinte à toute l'humanité et, *de facto*, frappés d'imprescriptibilité. Selon le 1er article du Statut de Rome, sa compétence demeure complémentaire à celle des juridictions nationales. Cette Cour a été créée pour renforcer la lutte contre l'impunité des crimes les plus graves si les juridictions pénales nationales sont défaillantes ou ne poursuivent pas ces crimes elles-mêmes.

Elle peut être saisie de trois manières différentes : par le Procureur de la C.P.I, par un État signataire du traité de Rome ou par le Conseil de sécurité de l'O.N.U.

Les crimes sexuels sont prévus par cette Cour aux articles 7 1) g) de son Statut lorsqu'ils sont constitutifs d'un crime contre l'humanité et 8 b) xxii) lorsqu'ils sont constitutifs de crimes de guerre. L'article 54 du Statut de la C.P.I. relatif aux devoirs et pouvoirs du Procureur en matière d'enquête prévoit que ce dernier doit prendre : « les mesures propres à assurer l'efficacité des enquêtes et des poursuites visant des crimes relevant de la compétence de la Cour. Ce faisant, il a égard aux intérêts et à la situation personnelle des victimes et des témoins, y compris leur âge, leur sexe (…) et leur état de santé ; il tient également compte de la nature du crime, en particulier lorsque celui-ci comporte des violences sexuelles, des violences à caractère sexiste ou des violences contre des enfants. » Pourtant, ce qui est surprenant est que le Statut de la Cour ne prévoit pas expressément que des infractions sexuelles puissent être des éléments constitutifs d'un génocide, contrairement à la décision rendue contre Jean-Paul Akayesu dans laquelle il avait été reconnu, pour la première fois, que le viol et les violences sexuelles puissent être des éléments constitutifs de génocide, mais, à la place, le Statut de Rome fait référence à une : « Atteinte grave à l'intégrité physique ou mentale de membres du groupe » ce qui semble paradoxal puisque les violences sexuelles semblent *a priori* particulièrement protégées par ce Statut -voir aussi, article 42 9), article 43 6) et article 68 1)-

La R.D.C. a ratifié le Statut de Rome le 11 avril 2002, et son gouvernement : « en avril 2004, a renvoyé à la CPI la situation qui prévaut sur son territoire depuis le 1er juillet 2002. La CPI peut donc exercer sa compétence à l'égard des crimes visés par le Statut de Rome et commis sur le territoire de la RDC ou par les ressortissants de cet État à compter du 1er juillet 2002.[1] » Or, dans le cas des crimes commis en R.D.C, la C.P.I. s'est révélée décevante à travers des limites rencontrées concernant les crimes sexuels à travers plusieurs affaires, explicité par le docteur Mukwege dans son ouvrage *La force des femmes* : « Le Congo a été l'un des huit pays, tous africains, où la CPI a lancé des

[1] Cour pénale internationale, « République démocratique du Congo », consulté le 23 mai 2024 à 16:06. URL : https://www.icc-cpi.int/fr/drc#:~:text=La%20RDC%20a%20ratifi%C3%A9%20le,depuis%20le%201er%20juillet%202002.

investigations dans les dix premières années de son travail. La décision de Moreno-Ocampo de se concentrer sur l'Afrique et nulle part ailleurs a été vue par certains critiques – des personnes qui avaient un intérêt idéologique ou personnel à saper son travail – comme une erreur. (…) En 2012, Thomas Lubanga, le dirigeant d'une milice active dans la province d'Ituri, au Congo oriental, et en lien avec l'Ouganda, a été jugé coupable de crimes contre l'humanité pour avoir recruté des enfants-soldats de onze ans[1] (…) Cela a été la première condamnation aboutie de la Cour, et une bonne raison de se réjouir. Mais les procureurs avaient laissé de côté les preuves de crimes sexuels qui auraient pu alourdir sa peine (…) de quatorze ans d'emprisonnement. Depuis, il a été libéré. En 2014, le dirigeant d'une autre milice de l'Ituri, Germain Katanga, a été condamné à douze ans de prison pour le massacre d'un village.[2] Malheureusement, il a été acquitté des charges de viols et d'esclavage sexuel.[3] » En effet, dans cette affaire, les preuves présentées lors du procès n'ont pas suffi à convaincre les juges de la responsabilité de Germain Katanga pour le condamner des charges de crimes de viol et de réduction en esclavage sexuel.

Néanmoins, le fait que Germain Katanga ait été acquitté des charges de violences sexuelles a suscité l'indignation : « Brigid Inder, directrice exécutive des *Women's Initiatives for Gender Justice*, une organisation internationale visant à défendre les droits des femmes par l'entremise de la CPI, estime que le verdict du 7 mars est "dévastateur" pour les victimes du massacre de Bogoro, et pour celles d'autres attaques commises par les milices de Katanga. (…) dans

---

[1] C.P.I, Le Procureur c. Thomas Lubanga Dyilo, ICC-01/04-01/06, Jugement, Chambre de première instance, 14 mars 2012.
[2] C.P.I, Le Procureur c. Germain Katanga, ICC-01/04-01/07, Jugement, Chambre de première instance, 7 mars 2014.
[3] MUKWEGE Denis (Dr.), *op. cit.*, p.242.

une interview, Jody Williams, lauréate du prix Nobel de la paix [en 1997] et présidente de la *Nobel Women's Initiative*, a déclaré que, si la condamnation de Katanga pour crimes de guerre était “un pas en avant pour tous ceux qui espèrent réparer les divisions de la République démocratique du Congo, la justice a de nouveau été refusée aux survivantes des violences sexuelles commises par les troupes de Katanga” [et ajoute] “Que Katanga ait été acquitté de ses chefs d'accusation relevant du viol et de l'esclavage sexuel envoie un terrifiant message à toutes les survivantes de viol et de violences sexuelles à travers le monde”.[1] » Dans cet article est mentionné une explication concernant le fait que les violences sexuelles ne sont pas sérieusement prises en considération dans la pratique dans le cadre des affaires rendues par la C.P.I : « Le viol, en d'autres termes, est toujours considéré par la CPI comme une conséquence opportuniste de la guerre, et pas comme un crime potentiellement prévisible –un angle mort pour le tribunal. Juridiquement (…) ce point de vue est archaïque, notamment si on compare au Tribunal pénal international pour le Rwanda (TPIR) et à celui pour l'ex-Yougoslavie (TPIY), qui s'étaient fondés sur le droit international coutumier (plus large que les dispositions du Statut de Rome) pour justifier leurs décisions. (...) Les défenseurs des droits des femmes sont frustrés de voir le viol si rarement condamné dans les tribunaux internationaux, notamment compte-tenu de la lente et longue route qu'ils ont eu à parcourir pour que la violence sexuelle soit mise sur la liste internationale des crimes les plus graves méritant punition.[2] »

[1] WOLFE Lauren, « Pourquoi la CPI, condamnant les pires crimes du monde, néglige-t-elle les survivantes de viol? » dans le magazine en ligne *Slate*, publié le 5 mai 2014, consulté le 24 mai 2024 à 00:27. URL : https://www.slate.fr/story/85757/cpi-viol-victimes

[2] WOLFE Lauren, *op. cit.*

Toutefois, une affaire va changer la donne. Denis Mukwege mentionne le procès de Bosco Ntaganda, qui a été condamné en première instance par la C.P.I. le 8 juillet 2019 : « Bosco Ntaganda, ex-général de l'armée congolaise devenu rebelle (...) chapeautait deux milices à majorité tutsi soutenues par le Rwanda. La cour a eu droit au récit de l'éviscération de bébés par ses hommes, de l'enchaînement de femmes réduites en esclavage sexuel et de la décapitation de civils. Il a été jugé coupable de dix-huit chefs d'accusation de crimes de guerre, dont le viol, et condamné à trente ans d'emprisonnement.[1] » décision confirmée par la Chambre d'appel de la C.P.I. le 30 mars 2021,[2] qui constitue une première victoire sur l'impunité qui règne malheureusement au regard des massacres et crimes commis en R.D.C. dont les violences sexuelles majoritairement impunis.

Un autre criminel, Laurent Nkunda, est évoqué par Thierry Michel dans le film documentaire *L'Empire du silence* : « Laurent Nkunda, c'est l'archétype du seigneur de guerre. Congolais d'origine tutsie, c'est un proche du Président rwandais Paul Kagame. Il a participé à ses côtés à la reconquête du Rwanda lors du génocide. De retour au Congo avec l'armée rwandaise, il fonde son propre mouvement rebelle, le C.N.D.P. qui sème désormais la terreur dans la province du Kivu. Un tueur. (...) Poursuivi par la justice congolaise pour crimes de guerre et crimes contre l'humanité, Laurent Nkunda fait l'objet d'un mandat d'arrêt qui n'a jamais été exécuté. Il a trouvé refuge au Rwanda.[3] ». Il a été arrêté en 2009 par les autorités

---

[1] MUKWEGE Denis, *op. cit.*, pp.242-243.

[2] C.P.I, Le Procureur c. Bosco Ntaganda, ICC-01/04-02/06, Arrêt, Chambre d'appel, 30 mars 2021.

[3] MICHEL Thierry (réal.), *op. cit.*

rwandaises. La R.D.C. a demandé son extradition[1] mais demeurerait toujours en liberté à ce jour alors que le Rapport Mapping mentionne son nom parmi la liste des présumés auteurs de massacres.[2]

Qui plus est, le crime d'agression constitue un nouveau crime dont la C.P.I. est compétente de juger depuis le 17 juillet 2018. Il s'agit de : « l'emploi par un État de la force armée contre la souveraineté, l'intégrité ou l'indépendance d'un autre État. » mais : « Cette nouvelle compétence matérielle ne concerne que les États l'ayant acceptée, en ratifiant les amendements de Kampala au Statut de Rome[3] » La C.P.I. ne condamne pas les États, seulement des personnes physiques. Au regard du fait que le Rwanda commet des crimes d'agressions envers la R.D.C. selon l'O.N.U, le président de la République rwandaise, Paul Kagame, pourrait se voir un jour poursuivi pour crime d'agression.

Parmi les limites de la C.P.I, le coût ainsi que la lenteur des procédures sont mis en avant : « Si les juridictions internationales pénales se sont révélées de puissants moteurs pour l'adoption de jurisprudences, cette justice est lente, lointaine et extrêmement coûteuse. De plus, elle ne permet de poursuivre qu'un nombre limité de suspects.[4] » confirmé et précisé par Raphaëlle Nollez-Goldbach en ces termes : « lenteur des procédures, longueur des décisions, lacunes des enquêtes, éléments de preuves insuffisants (…) protection des États membres permanent du Conseil de

---

[1] Le Figaro, « Le rebelle congolais Laurent Nkunda arrêté au Rwanda » publié dans *Le Figaro*, 23 janvier 2009.

[2] Selon l'O.N.G. « ACAT-France », « Rapport Mapping : j'agis pour que Laurent Nkunda soit jugé », publié dans ACAT-France, 21 janvier 2021, consulté le 23 mai 2024 à 22:19. URL : https://www.acatfrance.fr/actualite/rapport-mapping--j-agis-pour-que-laurent-nkunda-soit-juge

[3] NOLLEZ-GOLDBACH Raphaëlle, *op. cit.*, p.118.

[4] MORVAN Hélène, *op. cit.*, p.90.

sécurité et de leurs alliés, manque de volonté du Bureau du procureur d'enquêter sur les États puissants, exigence d'immunité pour les chefs d'États en exercice et retraits du traité de Rome des États visés par les enquêtes. C'est désormais l'existence même de la Cour qui est menacée.[1] »

La C.P.I. fait également l'objet d'attaques et de critiques relevant de l'idéologie et de la politique. Au regard du fait que la C.P.I. s'est concentrée presque seulement sur des cas africains, du moins, dans les années 2010, cette juridiction internationale a été accusée de racisme et de néocolonialisme ainsi que d'attaques politiques de la part d'États ciblés par ses enquêtes, mais des États africains tels que le Sénégal, le Bostwana, le Cameroun ou le Nigeria affirment leur soutien à la Cour.[2]

Nonobstant toutes ses limites et les critiques adressées à la C.P.I, un homme de terrain depuis le début de tous ces conflits et massacres, le docteur Mukwege, décrit cette dernière comme étant : « loin d'être parfaite, elle doit sans cesse être mise à jour et améliorée. Mais ses lois et règlements fournissent une protection. (...) la CPI est le seul espoir pour une mère congolaise qui a été quotidiennement violée dans un campement en forêt, ou dont les enfants ont été égorgés sous ses yeux. Ce sont ces visages qu'il ne faut pas oublier derrière les plaidoiries laborieuses et les procès qui patinent dans les salles d'audience de La Haye.[3] »

Il semblerait que, comme dans l'affaire Jean-Paul Akayesu rendue par le T.P.I.R, les viols commis de manière massive et systématique, accompagnés de massacres depuis bientôt trente ans dans un but bien précis qu'est celui de l'accaparation des minerais pourraient constituer un acte de génocide au sens de l'article 6 du Statut de Rome selon

[1] NOLLEZ-GOLDBACH Raphaëlle, *op. cit.*, pp.121-122.
[2] NOLLEZ-GOLDBACH Raphaëlle, *Ibid.*, pp.108-109.
[3] MUKWEGE Denis (Dr.), *op. cit.*, pp.244-245.

lequel il s'agit de l'intention de détruire, en tout ou en partie, un groupe national, ethnique, racial ou religieux par le meurtre de membres du groupe ; une atteinte grave à l'intégrité physique ou mentale de membres du groupe ; la soumission intentionnelle du groupe à des conditions d'existence devant entraîner sa destruction physique totale ou partielle ; des mesures visant à entraver les naissances au sein du groupe ; le transfert forcé d'enfants du groupe à un autre groupe. Ainsi, il semblerait que toutes les caractéristiques du crime de génocide, le crime le plus grave en droit pénal international, s'appliquent concernant le cas congolais depuis 1996.

L'actuelle R.D.C. serait donc victime de deux génocides perpétrés sur son territoire : un sous Léopold II selon Adam Hochschild, auteur de l'ouvrage se présentant comme un réquisitoire contre l'administration de l'État indépendant du Congo, *Les fantômes du roi Léopold* (1998), qui démontre qu'il s'agissait d'un holocauste car les tueries atteignaient des « proportions génocidaires[1] », puis un en cours depuis 1996, voire 1994, toutes deux motivées pour les mêmes raisons : l'accaparement des richesses qui s'y trouvent, nécessaires aux outils du quotidien (en résumé, le caoutchouc pour les bicyclettes sous Léopold II, et de nos jours, les minerais pour les ordinateurs, smartphones et tablettes ainsi que l'or et les diamants pour les bijoux). Toutes ces ressources et richesses minières du sous-sol congolais, ce « scandale géologique[2] » qui est censé être une bénédiction pour sa population a, au contraire, entraîné sur son sol et contre sa propre population au profit de différents acteurs étrangers, un scandale humanitaire…

[1] Cité par MUKWEGE Denis (Dr.), *op. cit.*, p.176.
[2] MUKWEGE Denis (Dr.), *op. cit.*, p.31.

CONCLUSION

À travers l'analyse de la problématique des violences sexuelles commises comme arme de guerre en R.D.C, nous pouvons en tirer plusieurs enseignements ainsi que des éléments essentiels : l'utilisation des violences sexuelles dans les conflits armés ou en temps de paix comprend une volonté de domination de l'autre, de le soumettre et / ou de le terroriser en l'atteignant dans son intimité la plus profonde. Dans le cas de la R.D.C, les viols de masse constituent une arme de guerre pour plusieurs raisons : non seulement détruire le tissu social de la communauté congolaise, à travers le viol et les violences infligées aux femmes, êtres vulnérables disposant malheureusement d'un statut précaire au sein d'une société traditionnelle et patriarcale, mais aussi terroriser et soumettre la population, afin d'accaparer des richesses et minerais provenant du sous-sol de l'est congolais, ce qui constitue, qui plus est, une atteinte à la souveraineté étatique de la R.D.C.

Les victimes sont donc confrontées à plusieurs obstacles voire à des impasses : elles se heurtent à une société très peu réceptive concernant ce qu'elles ont vécu, ce qui ajoute du malheur au malheur, et ne peuvent pas compter sur l'État, dont elles sont les ressortissantes, ni sur la justice nationale. Il semblerait que la mise en œuvre de la compétence universelle de certaines juridictions nationales ainsi que l'action des associations, des fondations et des O.N.G. soient les seuls moyens permettant de répondre à leurs besoins, à leurs droits en leur venant en aide de manière complète et satisfaisante sur le plan physique, psychologique, juridique (autant que possible) et socio-économique. Nonobstant certaines importantes prises d'initiatives à l'échelle internationale, ces dernières se sont révélées insuffisantes. L'impunité règne, même sur le plan de la justice pénale internationale à cause des limites de la

C.P.I. et du droit international public en lui-même, à savoir notamment l'inefficacité des missions de l'O.N.U, ainsi que le refus à plusieurs reprises du Parlement congolais à créer un tribunal pénal international *ad hoc* pour le cas de la R.D.C, sur proposition des Nations Unies, puis sur proposition des États-Unis concernant la création de tribunaux mixtes composés de juges internationaux et de juges congolais, pour éviter toute éventuelle corruption.[1] L'impunité mène au malheur et la justice constitue un élément fondamental afin d'éviter le chaos, « la guerre de tous contre tous » (*dixit* Thomas Hobbes) et de vivre dans une société relativement apaisée et harmonieuse.

Plusieurs solutions peuvent être proposées afin de remédier à cette impunité : que l'O.N.U. mette à exécution le Rapport Mapping autant que possible, puis que le Conseil de Sécurité de l'O.N.U. saisisse la C.P.I. en traduisant les personnes soupçonnées d'être des auteurs et / ou complices de crimes recensés dans ce Rapport, qu'une réforme en profondeur de la C.P.I. ait lieu avant sa saisine (même la condamnation de Bosco Ntaganda en première instance puis confirmée en appel constitue un espoir, cette affaire est la seule qui est satisfaisante sur le plan de la justice pénale internationale concernant les crimes sexuels commis en R.D.C. depuis 1996) ou qu'un Tribunal pénal international *ad hoc* soit de nouveau proposé, car Joseph Kabila n'est plus président de la République en R.D.C, Félix Tshisekedi étant désormais au pouvoir. Une convention internationale juridiquement contraignante ratifiée par la grande majorité des États, idéalement par tous les États ainsi que par les multinationales du monde portant sur l'encadrement des conditions d'extraction des minerais, ainsi que sur leur exportation, accompagnée de sanctions en cas de non-

---

[1] MICHEL Thierry, « Un documentaire sur le Dr Mukwege : filmer l'Histoire en marche », dans *Le viol, une arme de terreur. Dans le sillage du combat du docteur Mukwege, op. cit.*, p.123.

respect portant sur ces engagements et dotée d'un organe de contrôle serait une solution pour contribuer à remédier au moins en partie à ce fléau quasi-trentenaire que subit le peuple congolais. En somme, il y a là le besoin d'une volonté politique sans faiblesse, car les crimes sexuels commis dans les conflits armés voire constituant des actes de génocide ne sont pas une fatalité en soi, mais l'impunité engendre considérablement ce fléau.

De manière plus générale, sur le plan humain de manière universelle, il semblerait peut-être que le cœur du problème se situe dans le fait que la violence ferait partie de la nature humaine. Ainsi, cela reviendrait à se demander comment lutter contre notre propre nature ? Le droit constitue un outil, un instrument nécessaire quant à la prévention et la répression de la violence en général, mais n'empêche pas toujours sa commission. Il s'agit en l'occurrence de la loi de Hume : le droit constitue un devoir-être et les faits, un être. Le devoir-être a pour vocation de s'incarner dans l'être : tel est le but du droit. Par conséquent, toutes formes de violences, surtout, en l'espèce, les violences sexuelles, constituent un fléau universel et intemporel contre lequel il ne faut jamais cesser de combattre. À force de lutte et de dénonciations par tous les moyens, y compris des prises d'initiatives juridiques, médicales, humanitaires, scolaires, artistiques, littéraires etc. il est possible d'y parvenir. Le non-dit, le silence et la banalisation mènent au nihilisme, au fatalisme. Une véritable prise de conscience collective, ainsi qu'une mobilisation générale et une coopération politique à travers le monde, peuvent faire changer les choses de manière drastique. Les différentes évolutions sociétales comprenant de nombreuses réformes en faveur des droits des femmes et de la liberté individuelle, qui se sont produites au cours du siècle dernier par exemple, l'ont démontré. Ce qui nous semble impossible voire impensable aujourd'hui sera, dans la majorité des cas, très probablement possible et légitime demain et ce, parfois, pour le meilleur comme pour le pire, car les droits et libertés pour lesquels des hommes et des femmes, au cours de l'Histoire, se sont battus ne sont jamais totalement acquis.

Enfin, veuillez garder dans votre conscience la pensée de Desmond Tutu, lauréat en 1984 du Prix Nobel de la paix ayant récompensé son œuvre pour la lutte contre l'apartheid en Afrique du Sud, selon laquelle : « Rester neutre face à l'injustice, c'est choisir le camp de l'oppresseur.[1] », traduit de la formule originelle en langue anglaise : « *To be neutral in a situation of injustice is to have chosen sides already. It is to support the status quo.*[2] » car en effet, comme l'a observé un des témoins de la montée du nazisme en Allemagne qu'il a fui pour cette raison, Albert Einstein, lauréat du Prix Nobel de physique en 1921 : « Le monde est dangereux, non pas tant à cause de ceux qui font le mal qu'à cause de ceux qui regardent et qui laissent faire.[3] », idée qui renvoie au « consentement meurtrier » selon les termes du philosophe français Marc Crépon.

---

[1] LE GUEVEL Quentin, PROST Julien, « Neutralité, pluralité, lâcheté ? », dans *Rédaction du BBF*, éd., 2023. Bibliothèques, objets politiques, Bulletin des bibliothèques de France, 2023, pp. 40-44.
[2] TUTU Desmond, *Believe: The Words and Inspiration of Desmond*, Boulder, Colorado, éd. Blue Mountain Arts, 2007, p.67.
[3] Cité par CHRISTOPHE Sylvère, *La politique en citations. De Babylone à Michel Serres, 600 auteurs, 2500 citations*, Oroër, éd. Sylvère CHRISTOPHE, 2006, p.137.

SOURCES ET BIBLIOGRAPHIE

Ouvrages

BOUBEKER Ahmed, MBOUKOU Serge, *De Tokyo à Kinshasa. Postmodernité et postcolonialisme*, Paris, éd. L'Harmattan, 2021.

BOFANE In Koli Jean, BRAECKMAN Colette, CADIÈRE Guy-Bernard (Dr), *et alii*, *Le viol, une arme de terreur. Dans le sillage du combat du docteur Mukwege*, Bruxelles, éd. Mardaga, 2015.

BRANCHE Raphaëlle, VIRGILI Fabrice, (dir.), *Viols en temps de guerre*, Paris, éd. Payot & Rivages, 2011.

CHRISTOPHE Sylvère, *La politique en citations. De Babylone à Michel Serres, 600 auteurs, 2500 citations*, Oroër, éd. Sylvère CHRISTOPHE, 2006.

CORREDOR Joseph Maria, CASALS Pablo, LABIE Jean-François, *et alii*, *Conversations avec Pablo Casals : souvenirs et opinions d'un musicien*, Paris, éd. Albin Michel, 1982.

D'ONORIO Joël-Benoît (dir.), *La violence et le droit*, éd. Téqui, Paris, 2003.

GUINAMARD Louis, *Survivantes. Femmes violées dans la guerre en République démocratique du Congo*, Paris, éd. Les Éditions de l'Atelier/ Éditions Ouvrières, 2010.

GUINCHARD Serge, DEBARD Thierry (dir.), *Lexique des termes juridiques 2023–2024*, Courbevoie, éd. Dalloz, 31e édition, 2023.

HANSEN-LOVE Laurence (dir.), *La philosophie de A à Z*, Paris, éd. Hatier, 2011.

KANT Emmanuel, *Métaphysique des mœurs, Doctrine du droit*, éd. Vrin, 1993.

KABONGO TUNSALA Justin, *La corruption en République démocratique du Congo*, Paris, éd. L'Harmattan, 2016.

LANOTTE Olivier, *Guerres sans frontières en République démocratique du Congo*, Bruxelles, éd. GRIP Editions Complexe, 2003.

MBOUKOU Serge, *La parole recouvrée. Simon Kimbangu, prophète et passeur de cultures*, Paris, éd. L'Harmattan, 2016.

MUKWEGE Denis (Dr), *La force des femmes*, Mesnil-sur-l'Estrée, éd. Gallimard, 2021.

MUKWEGE Denis (Dr), CADIÈRE Guy-Bernard (Dr), *Réparer les femmes. Un combat contre la barbarie,* Bruxelles, éd. Mardaga, 2019.

NOLLEZ-GOLDBACH Raphaëlle, *La Cour pénale internationale*, Paris, éd. Que-sais-je ?, 1ère édition, 2018.

Organisation des Nations Unies, Secrétaire général des Nations Unies, Rapport S/2015/203 du 23 mars 2015. URL :

https://documents.un.org/doc/undoc/gen/n15/081/37/pdf/n1508137.pdf?token=HRAc8mDu5mdaFE3xhS&fe=true

RICOEUR Paul, *Histoire et Vérité*, éd. Éditions du Seuil, 1955.

VAN REYBROUCK David, *Congo. Une histoire*, Amsterdam, éd. Babel, 2010.

VIGARELLO Georges, *Histoire du viol. XVIe-XXe siècle*, Paris, éd. Éditions du Seuil, 1998.

Articles

BÉLIGH Nabli, « Chapitre 9. Le statut de l'État dans les relations internationales », dans *L'État. Droit et Politique*, sous la direction de Nabli Béligh. Armand Colin, 2017, pp. 187-209.

BÉNABENT Juliette, « Céline Bardet, de l'ONG WWoW : "Le viol de guerre est une arme à déflagration multiple" », dans *Télérama*, le 12 mars 2024, mis à jour le 13 mars 2024.

BERTHEMET Tanguy, « Viols au Congo : le mea culpa de l'ONU », publié dans *Le Figaro*, 8 septembre 2010, mis à jour le 9 septembre 2010.

BODIOU Lydie, BRIAND Michel, « Rapt, viol et mariage dans l'Antiquité gréco-romaine. L'exemple de Déméter et Korê », dans *Dialogue*, vol. 208, no. 2, 2015, pp. 17-32.

BRAECKMAN Colette, « RD Congo: en 1960, la Belgique prête à tout pour éviter la naissance d'enfants métis », dans *Le Soir*, 8 juillet 2022.

CARBASSE Jean-Marie, « Introduction », dans *Histoire du droit pénal et de la justice criminelle*, avec la collaboration de

Vielfaure Pascal. Presses Universitaires de France, 2014, pp. 13-30.

CARREAU Dominique, « État » dans *Répertoire de droit international*, Dalloz, septembre 2010.

CHÂTELOT Christophe, BOLOPION Philippe à l'O.N.U, « L'ONU ne veut pas laisser impunis dix ans de massacre au Congo RDC » dans *Le Monde*, 26 août 2010, modifié le 28 novembre 2011.

CHÂTELOT Christophe, « A Kinshasa, Jean-Luc Mélenchon affirme sa "fraternité" avec la RDC face aux "exactions" du Rwanda », dans *Le Monde*, 27 octobre 2023.

DELAPLANCHE Jérôme, « Images d'une pulsion. Les représentations d'enlèvement à travers les arts », dans *Libres cahiers pour la psychanalyse*, vol. 25, no. 1, 2012, pp. 151-164.

FOREY Samuel, « Israël s'organise pour documenter les violences sexuelles commises lors de l'attaque du Hamas », dans *Le Monde*, 8 décembre 2023.

Genève internationale, « La diaspora congolaise dénonce à Genève les injustices en RDC », publié dans *Tribune de Genève*, 4 mars 2024.

GODIN Christian, « Légitimité du concept de barbarie », dans *Cités*, vol. 61, no. 1, 2015, pp. 11-26.

Jeune Afrique avec AFP, « RDC : appel au renouvellement des sanctions européennes contre des proches de Joseph Kabila », publié dans *Jeune Afrique* le 16 novembre 2019.

LAMBERT Hélène, KAHINDO MBEVA Jean-Bosco, « Femmes et accès aux soins en République démocratique du Congo : des barrières liées au genre », dans *Santé Publique*, vol. 31, no. 5, 2019, pp. 735-744.

LARMOYER Sophie, édité par LANNUZEL Margaux, « Violences faites aux femmes : “ Les lois doivent changer”, estime Eve Ensler, auteure des “Monologues du Vagin” », dans *Europe 1*, 5 janvier 2020.

Le Courrier d’Erevan, « Le “Prix Aurora” 2024 contre le viol en tant qu’arme de guerre », dans *Le Courrier d’Erevan*, 13 mai 2024.

Le Figaro, « Le rebelle congolais Laurent Nkunda arrêté au Rwanda » publié dans *Le Figaro*, 23 janvier 2009.

LE GUEVEL Quentin, PROST Julien, « Neutralité, pluralité, lâcheté ? », dans *Rédaction du BBF*, éd., 2023. Bibliothèques, objets politiques, Bulletin des bibliothèques de France, 2023, pp. 40-44.

Le Monde avec AP, AFP et Reuters, « Confusion totale à la tête de la rébellion congolaise », dans *Le Monde*, 8 janvier 2009.

Le Monde avec AFP, « Emmanuel Macron exhorte le Rwanda à “cesser tout soutien” aux rebelles congolais du M23 et à “retirer ses forces” de la RDC. », dans *Le Monde*, 30 avril 2024.

MÉNIELLE Julien, « La chronologie du conflit en République démocratique du Congo », dans *20 Minutes*, 21 novembre 2008.

MILIANI Adel, « République démocratique du Congo : comprendre la “crise oubliée” que dénoncent les footballeurs de la CAN », dans *Le Monde*, 10 février 2024.

MOUFFLET Véronique, « Le paradigme du viol comme arme de guerre à l’Est de la République démocratique du Congo », dans *Afrique contemporaine*, vol. 227, no. 3, 2008, pp. 119-133.

MVÉ ELLA Léandre, « La responsabilité de protéger et l'internationalisation des systèmes politiques », dans *Civitas Europa*, vol. 42, no. 1, 2019, pp. 113-128.

PATTEN Pramila, « Guerre en Ukraine “Viols et agression sexuelles ont été perpétrés avec une cruauté extrême” », dans *Le Monde*, 20 octobre 2022.

PERNES Caroline, « L'écrivaine Sofi Oksanen : “En Ukraine, les Russes commettent des viols génocidaires” » dans *Télérama*, 4 décembre 2023.

POLARD Pierre, « Le viol, tabou suprême de la guerre en Ukraine », dans *Le Figaro*, 24 mars 2024.

POURTIER Roland, « L'Afrique centrale dans la tourmente. Les enjeux de la guerre et de la paix au Congo et alentour », dans *Hérodote*, vol. 111, no. 4, 2003, pp. 11-39.

ROPTIN Jacky, « Des viols de guerre à la violence sexuelle comme terreur », dans *Mémoires*, vol. 75, no. 2, 2019, pp. 5-7.

SCHNEIDER Frédérique, « Génocide au Rwanda, un million de morts en 100 jours », dans *La Croix*, 10 avril 2014.

SENE Dominique, « Du rôle et de la responsabilité de l'État dans le développement économique et le bien-être social au Sénégal », dans *Sciences & Actions Sociales*, vol. 5, no. 3, 2016, pp. 124-138.

SIBEUD Emmanuelle. « Entre geste impériale et cause internationale : défendre les indigènes à Genève dans les années 1920 », dans *Monde(s)*, vol. 6, no. 2, 2014, pp. 23-43.

SYLVESTRE-TREINER Anna, « Denis Mukwege, l'homme qui veut réparer la RDC » dans *Le Monde*, 3 octobre 2023.

VÉPIERRE Alexandra, « L'Est de la RD-Congo déchiré par 22 ans de guerre », dans *La Croix*, 15 août 2016.

VIRCOULON Thierry, « Éthique et commerce des matières premières », dans *Études*, vol. 415, no. 12, 2011, pp. 595-604.

WÉRY Marine, « Violences sexuelles et droit des conflits armés : une approche féministe », dans *Revue interdisciplinaire d'études juridiques*, vol. 86, no. 1, 2021, pp. 63-90.

WOLFE Lauren, « Pourquoi la CPI, condamnant les pires crimes du monde, néglige-t-elle les survivantes de viol? » dans le magazine en ligne *Slate*, publié le 5 mai 2014, consulté le 24 mai 2024 à 00:27. URL : https://www.slate.fr/story/85757/cpi-viol-victimes

ZARKA Jean-Claude. « 1. L'État », dans *Institutions internationales – 7e édition*, sous la direction de Zarka Jean-Claude. Ellipses, 2017, pp. 9-35.

Filmographie

BATE Peter (réal.), *Le Roi blanc, le Caoutchouc rouge, la Mort noire*, (*White King, Red Bubber, Black Death)*, Periscope productions NV. Belgique, 2004.

GAVIN Madeleine (réal.), *City of Joy*, Netflix, États-Unis, Congo, 2016.

MICHEL Thierry (réal.), *Mobutu, roi du Zaïre*, Belgique, Les Films de la Passerelle, 1999.

MICHEL Thierry (réal.), *L'homme qui répare les femmes : La Colère d'Hippocrate*, Belgique, Les Films de la Passerelle, 2015.

MICHEL Thierry (réal.), *L'Empire du silence*, Belgique, Les Films de la Passerelle, 2021.

Sitographie

ACAT-France, « Rapport Mapping : j'agis pour que Laurent Nkunda soit jugé », publié dans ACAT-France, 21 janvier 2021, consulté le 23 mai 2024 à 22:19. URL : https://www.acatfrance.fr/actualite/rapport-mapping--j-agis-pour-que-laurent-nkunda-soit-juge

Amnesty International, « Le processus de Kimberley », consulté le 20 mai 2024 à 17:18. URL : https://www.amnesty.fr/focus/le-processus-de-kimberley

Assemblée nationale, Proposition de résolution n°1534, 16e législature, enregistré à la Présidence de l'Assemblée nationale le 18 juillet 2023, consulté le 18 mai 2024 à 16:30. URL : https://www.assembleenationale.fr/dyn/16/textes/l16b1534_proposition-resolution

Assemblée nationale, Question n°1621, 16e législature, « Guerre et crise humanitaire en République démocratique du Congo », publiée au journal officiel de la République française le 28 février 2024, consulté le 18 mai 2024 à 16:37. URL : https://questions.assemblee-nationale.fr/q16/16-1621QG.htm

C.I.C.R, « RD Congo : du désespoir à la résilience, l'exceptionnelle reconstruction d'Honorine », article publié le 9 mars 2021, consulté le 14 mai 2014 à 16:15. URL : https://www.icrc.org/fr/document/congo-violences-sexuelles-resilience-honorine-se-reconstruit#:~:text=En%202020%2C%20le%20CICR%20a,de%20violences%20sexuelles%20en%20RDC.&text=Nom%20d'emprunt-,Victime%20de%20viol%20il%20y%20a%20cinq%20ans%20%C3%A0%20Sange,son%20restaurant%20et%20son%20%C3%A9picerie.

CLPRESS / Agence de presse, « Manifestation pour le Congo à proximité de l'ambassade du Rwanda (17 février 2024, Paris, France) », publié sur YouTube le 17 février 2024, consulté le 19 mai 2024 à 17:37. URL : https://www.youtube.com/watch?v=fiwd8fgoP8o

Cour pénale internationale, « République démocratique du Congo », consulté le 23 mai 2024 à 16:06. URL : https://www.icc-cpi.int/fr/drc#:~:text=La%20RDC%20a%20ratifi%C3%A9%20le,depuis%20le%201er%20juillet%202002.

CRÉPON Marc, *ABC Penser*, « Violence », entretien tourné le 1er décembre 2017, publié sur YouTube le 1er mai 2020, consulté le 3 février 2024 à 23:22. URL : https://www.youtube.com/watch?v=MSQuR0Uda2Y

Fondation Panzi, « À propos de nous – Fondation Panzi », consulté le 1er juin 2024 à 22:40. URL : https://panzifoundation.org/fr/about-us/

Fondation Panzi, « Déclaration du Dr Denis Mukwege sur l'interdiction des films par le gouvernement de la RDC », consulté le 24 mai 2024 à 15:29. URL : https://panzifoundation.org/fr/statement-from-dr-denis-mukwege-on-the-drc-government-prohibition-of-film/

France 24, « REPLAY - Revivez la conférence de presse entre Emmanuel Macron et Félix Tshisekedi • FRANCE 24 », publié sur YouTube le 30 avril 2024, consulté le 20 mai 2024 à 16:57. URL : https://www.youtube.com/watch?v=chL8WcgrAfc

I.F.J.D. Institut Joignet, « République démocratique du Congo ». URL : https://violences-sexuelles.ifjd.org/cvr/brouillon-republique-democratique-du-congo/

La Grande Librairie, « Émission spéciale : Rwanda, trente ans après le génocide. », présentée par Augustin Trapenard, diffusée le 7 avril 2024 sur « France 5 ». URL : https://www.france.tv/france-5/la-grande-librairie/saison-16/5803242-emission-speciale-rwanda-30-ans-apres-le-genocide.html

La Voix des Grands Lacs, « RDC: PLADOYER [*sic*] POUR DES SANCTIONS CONTRE LE RWANDA. MARC BOTENGA DÉPUTÉ PTB PARLEMENT EUROPÉEN », publié sur YouTube le 5 décembre 2022, consulté le 20 mai 2024 à 16:31. URL : https://www.youtube.com/watch?v=uorqLdAKYpU

Médecins sans Frontières, « Il faut tout un village : l'urgence d'une approche globale pour accompagner les survivantes de violences sexuelles en République démocratique du Congo. » publié le 15 juillet 2021, mis à jour le 3 mai 2023, consulté le 17 mai 2024 à 20:15. URL : https://www.medecinssansfrontieres.ca/il-faut-tout-un-village-lurgence-dune-approche-globale-pour-accompagner-les-survivantes-de-violences-sexuelles-en-republique-democratique-du-congo/

Nations Unies, « Historique / MONUSCO », consulté le 14 mai 2024 à 12:30. URL. https://monusco.unmissions.org/historique#:~:text=La%20Mission%20de%20l'Organisation,d%C3%A9mocratique%20du%20Congo%20(RDC)%20et

Parlement européen, « Fonctionnement, le Prix, Prix Sakharov, Parlement européen » consulté le 5 mai 2024 à 23:06. URL : https://www.europarl.europa.eu/sakharovprize/fr/the-prize/how-it-works

Université de Liège, « Denis MUKWEGE — Docteur honoris causa — Rentrée académique 2018-19 », consulté le 5 mai 2024 à 22:09. URL : https://www.uliege.be/cms/c_10238494/fr/denis-mukwege-docteur-honoris-causa-rentree-academique-2018-19

Université de Liège, « Premier Congrès de la Chaire internationale Mukwege », consulté le 12 mai 2024 à 19:22. URL : https://www.uliege.be/cms/c_11358826/fr/premier-congres-de-la-chaire-internationale-mukwege

VOA Afrique, « Des hôpitaux de pointe à Goma, mais pas à la portée de tous » publié le 4 mai 2021, consulté le 26 avril 2024 à 16:05. URL : https://www.voaafrique.com/a/des-h%C3%B4pitaux-de-pointe-%C3%A0-goma-mais-pas-%C3%A0-la-port%C3%A9e-de-tous/5876692.html

Jurisprudences

T.P.I.R, Le Procureur c. Jean-Paul Akayesu, affaire n° ICTR-96-4-T, Jugement, Chambre de première instance, 2 septembre 1998.

C.P.I, Le Procureur c. Thomas Lubanga Dyilo, ICC-01/04-01/06, Jugement, Chambre de première instance, 14 mars 2012.

C.P.I, Le Procureur c. Germain Katanga, ICC-01/04-01/07, Jugement, Chambre de première instance, 7 mars 2014.

C.P.I, Le Procureur c. Jean-Pierre Bemba Gombo, ICC-01/05-01/08, Arrêt, Chambre d'appel, 8 juin 2018.

C.P.I, Le Procureur c. Bosco Ntaganda, ICC-01/04-02/06, Arrêt, Chambre d'appel, 30 mars 2021.

TABLE DES MATIÈRES

Structures éditoriales du groupe L'Harmattan

L'Harmattan Italie
Via degli Artisti, 15
10124 Torino
harmattan.italia@gmail.com

L'Harmattan Hongrie
Kossuth l. u. 14-16.
1053 Budapest
harmattan@harmattan.hu

L'Harmattan Sénégal
10 VDN SICAP AMITIE 3
BP 45034 Dakar-Fann
direction@senharmattan.com

L'Harmattan Cameroun
Tsinga/Derrière polyclinique FECAFOOT
BP 11486 Yaoundé
Jacques.koukam@harmattan.fr

L'Harmattan Burkina Faso
Villa 281, secteur 23 623, rue 14.32
Ouagadougou
zagbie@outlook.fr

L'Harmattan Guinée
Almamya, rue KA 028 OKB Agency
BP 3470 Conakry
harmattanguinee@yahoo.fr

L'Harmattan RDC
185, avenue Nyangwe
Commune de Lingwala – Kinshasa
matangilamusadila@yahoo.fr

L'Harmattan Congo
219, avenue Nelson Mandela
BP 2874 Brazzaville
deunovmikhael@gmail.com

L'Harmattan Mali
Immeuble Mgr Jean Marie Cissé
Aci Hamadallaye
BP 145 Bamako
syllaka@yahoo.fr

L'Harmattan Togo
Djidjole – Maison Amela
face EPP BATOME
02 BP 20680 Lomé
didieramela11@gmail.com

L'Harmattan Côte d'Ivoire
Résidence Karl – Cité des Arts
Abidjan-Cocody
03 BP 1588 Abidjan
harmattan.ivoire@gmail.com

L'Harmattan Bénin
Rue 604, (Immeuble à l'entrée
de la rue UCAO- Cite de Saint-Jean)
Cotonou
stepcorpus@gmail.com

Nos librairies en France

Librairie internationale
16, rue des Écoles
75005 Paris
librairie.internationale@harmattan.fr
01 40 46 79 11
www.librairieharmattan.com

Librairie des savoirs
21, rue des Écoles
75005 Paris
librairie.sh@harmattan.fr
01 46 34 13 71
www.librairieharmattansh.com

www.ingramcontent.com/pod-product-compliance
Lightning Source LLC
LaVergne TN
LVHW010930061026
849535LV00007B/2321